기버2 셀 모어

위대하고 엄청난 성공에 이르는 5가지 법칙

THE ——
GO ——
기버 2 셀 모어
GIVER

A LITTLE STORY
ABOUT A
POWERFUL
BUSINESS IDEA

밥 버그, 존 데이비드 만 지음 | 안진환 옮김

　"'아낌없이 준다'는 메시지 하나로 이루어지는 조의 변화가
참 인상적이었습니다. 하지만 여전히 의구심은 떨칠 수 없네요.
그게 현실에서도 정말 가능할까요?"

　『기버1』을 읽은 독자의 서평 중 일부분이다. 이 책은 그 질문
에 대한 답이라 할 수 있다.

　우리의 눈과 귀는 부유하고 부패한 고위층 사람들의 행동거
지만 집중 조명하는 언론보도들에 쉽게 쏠리곤 한다. 그러나 TV
카메라와 멀리 떨어진 곳에서 수많은 훌륭한 사람들이 핀다나
어네스토, 니콜, 샘과 비슷한 모습으로 조용하게 삶을 일궈나가
고 있다.

우리는 당신이 이 책을 읽고 고개를 끄덕이는 데에서 그치지 말았으면 한다. 여기에 담긴 조언을 실천하고 직접 변화를 체험하기를 간절히 바란다.

이 책에서 소개하는 접근법은 세일즈에서 의미 있는 성공을 거두기 위한 방법일 뿐만 아니라 보다 의미 있고 값진 삶을 만들어나가기 위한 방법이기도 하다. 그러니 우리의 메시지를 세일즈에 국한하여 생각하지 말길 바란다. 『기버1』에서 핀다는 조에게 이렇게 말했다.

"이 법칙들은 그저 비즈니스에만 적용되는 게 아닐세. 진정으로 건전한 비즈니스 원칙은 인생의 모든 부분에 적용되지. 교우 관계, 결혼 생활, 그 밖에 어디서든 말일세."

당신이 어떤 형태로든 세일즈와 조금이라도 관련된 일을 하고 있다면 이 책은 당신에게 값진 도움을 제공할 것이다. 하지만 세일즈와 관련이 없는 사람에게도 역시 값진 도움을 줄 것이다. 타인과 관계를 맺으며 살아가는 사람이면 누구라도 이 책에서 귀중한 것을 얻을 수 있다. 세일즈를 배우는 것은 곧 사람을 이해하는 과정이기 때문이다. 한 독자는 『기버1』에 대한 서평 말미에 이렇게 썼다.

"『기버1』을 열세 살짜리 나의 아들에게 꼭 읽으라고 권했습니다. 설령 아이가 자라서 세일즈와 전혀 관련이 없는 일을 하거나 또는 사업을 하지 않는다 할지라도 이 책이 아이가 훨씬 더 나은 사람이 되는 데 꼭 필요하리라 믿기 때문입니다."

여기에 소개하는 다섯 가지 법칙은 세일즈뿐만 아니라 친구 및 동료 관계, 결혼 생활, 가정, 기업에도 적용할 수 있다. 좋은 세일즈 행위를 결정짓는 법칙은 곧 좋은 관계를 만들어내는 법칙이다. 세일즈는 단순한 비즈니스 거래 행위가 아니다. 그것은 인간과 인간 사이에 관계를 구축하는 과정이다.

"나는 세일즈에 젬병이야!"

누군가 이렇게 말하는 것을 들어본 적이 있는가? 혹은 당신 자신이 이렇게 말한 적은 없는가? 사실 이것은 여기저기서 흔히 들을 수 있는 말이다. 세일즈에 종사하지 않는 사람들은 대부분 '난 누구한테 뭐 파는 거 잘 못해'라고 생각한다. 하지만 진실은 세일즈에 종사하는 대부분의 사람들 역시 속으로는 그렇게 생각하고 있다는 것이다.

사람들이 이렇게 느끼는 데에는 한 가지 이유가 있다. 우리들 대부분이 세일즈를 거꾸로 바라보고 있기 때문이다. 우리는 세일즈를 '사람들이 원하지 않는 어떤 것을 하도록 납득시키는 일'

로 간주한다. 그러나 사실은 그렇지 않다. 세일즈는 사람들이 진정으로 원하는 것이 무엇인지 파악해서 실천하도록 돕는 일이다. 어쩌면 우리는 이것을 다른 사람들에게서 이득을 취하는 일로 생각할 수도 있다. 사실 세일즈는 다른 사람들에게 이득을 안겨주는 일이다.

결국 세일즈에 대한 가장 큰 오해는 그것을 '다른 사람에게서 뭔가를 얻어내는 노력'으로 보는 것이다. 최상으로, 가장 효과적으로 세일즈가 이뤄지는 경우는 정확히 그 반대인데 말이다. 진실을 말하자면 세일즈는 '기꺼이 베푸는 노력'이다.

판매는 곧 베풂이다. 시간, 관심, 조언, 교육, 공감 그리고 가치를 베푸는 행위이다. 사실 'sell(팔다)'이라는 단어는 고대영어 'sellan'에서 온 것인데 'sellan'의 뜻은, 그렇다. 바로 'to give(주다)'이다.

하지만 우리들 대부분은 세일즈에 대해 이렇게 생각하지 않는다. 당신의 상품을 다른 사람의 손에 쥐어주고 그의 돈을 당신의 주머니로 옮겨놓는 것을 목표로 일련의 기술을 일련의 기법으로 강화하는 것, 이것이 세일즈를 가르치는 전형이기 때문이다. 잠재 고객과의 대화법과 적격성 여부를 파악하는 질문들에서부터 거부 반응 극복하기와 계약 체결하기에 이르기까지 세일즈 과정의 모든 단계가 세밀히 짜여 있고 고정되어 있다. 그래서 당신은 그저 세일즈맨의 비책 목록에 있는 모든 묘수를 철저히 배워 면밀히 실행하기만 하면 된다. 그렇게만 하면 당신 역시 세일즈의 달인이 된다는 것이다. 적어도 이론은 그렇다. 하지만 세일즈는 종종 그런 식으로 풀리지 않는다.

현실은 이렇다. 수많은 기업가, 중소기업 경영자, 기업 대상 세일즈맨, 독립 판매원, 그 밖에 세일즈와 관련된 업무를 하는 사람들 가운데 대다수는 세일즈를 하는 데 어려움을 겪고 있다.

그들에게 신념이 부족해서 어려움을 겪는 것은 아니다. 세일즈에 종사하는 대부분의 사람들은 자신이 판매하는 상품이나 서비스에 대해 굳은 믿음을 갖고 있다. 그들은 그것을 판매함으로써 생계를 꾸려가기 위한 소득을 올리는 동시에 다른 이들의 삶에 가치를 더해줄 수 있으리라는 기대감을 품는다.

하지만 실제 세일즈 상황에서는 어떨까? 많은 사람들은 자신이 세일즈에 도통 재능이 없다고 여긴다. 세일즈 성과에 불안해하거나 '피치pitch(물건을 팔거나 사람을 설득하기 위해 하는 권유나 주장, 홍보)' 자체에 거부감마저 느낀다. 우리는 타인이 자신에게 무언가를 강권하는 것을 싫어하므로 내가 싫은 것은 상대방도 마찬가지로 싫어하리라 여기기 때문이다.

요컨대 우리는 세일즈는 원하지만 '세일즈 모드mode'로 돌입하기는 주저한다. 만일 당신이 여기까지 읽고 "아 맞아. 나도 그래!" 하고 공감한다면 이 책을 읽고 조금 놀랄지도 모른다. 여기서 제시하는 접근법은 당신이 지금까지 배운 모든 세일즈 기법 및 이론에 위배되는 것처럼 보일 것이다. 이 책에서 전하는 메시지는 다음과 같다.

- '가치 창조'를 세일즈가 끝난 후 일어나는 무언가로, 또는 어려운 거래를 성사시키기 위한 유인 요소로 생각하지 않는다. 세일즈 '시작 단계'에서부터 가치 창조에 초점을 맞추며 전체 세일즈 과정의 중요한 목표로 삼는다.

- 전통적인 세일즈 과정에서 최종 목적지이자 가장 중요한 순간은 '계약 체결'이다. 우리는 세일즈 시작 단계에 초점을 맞춘다. 사람들은 세일즈를 '말하는' 비즈니스로 여기지만 우리는 말하기가 아니라 '듣기'를 강조한다.

- 전통적인 세일즈 교육에서는 상품이나 서비스에 대해 설명하는 프레젠테이션을 중시한다. 하지만 우리는 좋은 질문을 하는 방법과 상대방에 집중하는 대화법을 중시한다.

• 전통적인 세일즈 관점에서는 세일즈를 성사시키면 성공, 거절을 당하면 실패했다고 본다. 반면 우리는 세일즈 성사 여부와 상관없이 언제나 긍정적인 결과를 얻을 수 있다는 것을 출발점으로 삼는다.

전통적 세일즈는 '컨트롤control' 과정 전반에서 세일즈맨이 고객을 컨트롤할 수 있게 만드는 것을 목표로 삼는다. 때문에 세일즈맨과 고객 양측 모두가 결코 만족스러운 경험을 할 수 없는 것이다. 누군가에게 일방적으로 조종당하고 싶어 하는 사람이 세상에 어디 있겠는가. 또 주도권을 쥐고 컨트롤하는 사람도 결코 유쾌하지 않다.

일반적으로 전통적인 세일즈 과정은 다음과 같은 순서로 이루어진다.

잠재 고객 발굴 ▶ 구매 가능성이 높은 잠재 고객 선정 ▶ 제품 설명 ▶ 거절 극복하기 ▶ 계약 체결 ▶ 후속 관리 ▶ 고객 서비스 제공

하지만 이 책에서 제시하는 접근법은 다르다. 우리의 세일즈 과정은 다음과 같이 구성된다.

가치 창조하기 ▶ 타인의 삶에 긍정적인 변화 일으키기 ▶ 네트워크 구축하기 ▶ 진실한 모습으로 대하기 ▶ 열린 마음 유지하기

이 다섯 단계는 우리가 제시하는 '위대하고 엄청난 성공에 이르는 다섯 가지 법칙'과 연결되며, 이 책 각 장의 주제이기도 하다. 우리는 본문에서 이 다섯 가지 법칙을 자주 언급할 것이다. 또 여러분은 『기버1』에 나왔던 인물들 핀다, 조, 니콜, 어네스토, 샘, 데브라 등도 다시 만나게 된다. 사실 이 책은 『기버1』에 담겨 있던 다음 핵심 메시지를 토대로 삼고 있다.

'받기'에서 '주기'로 초점을 옮기면 개인적 삶과 직업적 삶 모두 멋지게 변화할 뿐만 아니라 재정적 보상도 뒤따른다. 다시 말해 베푸는 삶은 모든 배가 순항할 수 있는 멋진 물결을 만들어낸다. 당신의 배와 상대방의 배뿐만 아니라 우리 모두의 배가 말이다.

베풂은 단지 바람직하고 좋은 아이디어인 것만이 아니다. 베푸는 마음은 당신에게 실제적인 이익도 가져다준다. 베풂의 가치를 이해하고 실천하는 사람은 훨씬 행복하고 충만하게 살 수 있다. 큰 성공을 거둔 인물 가운데 많은 이들이 베풂의 가치를 실천한 사람이다. 그리고 베푸는 자는 세일즈에서도 진정 의미 있는 성공을 거둔다.

사실 이런 태도와 접근법은 우리가 개발했다고 할 수 없다. 이 책의 내용은 실제로 세상의 모든 훌륭한 세일즈맨들이 이미 실천하고 있는 방법이기 때문이다. 성공을 거둔 세일즈맨을 만나보라. 그들을 자세히 관찰해보면 특정한 세일즈 기법들에 정통해서 성공한 것이 아님을 알게 될 것이다. 물론 그들도 이런저런 기법에 대해서는 알고 있고 고객에게 필요한 경우라면 종종 활용하기도 한다. 그러나 뛰어난 세일즈맨을 좌우하는 결정적 요인은 그가 고객에게 진실한 마음으로 관심을 기울이느냐의 여부다. 세일즈에서 중심이 되어야 하는 것은 상품도 세일즈맨도 아니다. 그것은 바로 상대방, 즉 고객이다.

계약을 성사시키는 기술에 능통한 사람, 누가 봐도 감탄할 만한 프레젠테이션을 하는 사람, 또는 거절 의사를 밝히는 고객을 단번에 설득하는 사람이 반드시 훌륭한 세일즈맨은 아니다. 훌륭한 세일즈맨은 누구를 만나든 긍정적 에너지를 일으키고 선의를 베푼다. 그들은 타인의 삶을 더욱 풍부하게 해주고 사람들의 삶에 가치를 더한다. 또 사람들이 보다 행복해질 수 있게 돕는다.

무엇보다 놀라운 점은 이런 훌륭한 세일즈맨이 당신이 생각하는 것만큼 드물지 않다는 사실이다. 사실 우리는 그들을 도처에서 발견할 수 있다. 세일즈에 뛰어난 사람이 되기 위해 반드시 복잡하고 정교한 기술을 익혀야 하는 것은 아니다. 『기버1』에서 데브라는 "인간관계 전문가가 되고 싶다면 먼저 자기 자신이 되어라"라고 말했다. 이는 우리에게 반가운 소식이다. 누구나 뛰어난 세일즈맨이 될 수 있다는 얘기 아닌가! 당신도 얼마든지 그렇게 될 수 있다.

훌륭한 세일즈맨이 되려면 반드시 외향적이고 유쾌한 기질에다 사람 사귀기 좋아하는 사교적인 성격이어야 한다고 생각하는가? 그렇지 않다. 부끄럼 타는 성격인 사람도 타인과 관계를 맺고 결혼도 한다. 내성적인 사람에게도 좋은 친구들이 있는 법이다. 훌륭한 세일즈맨이 되기 위해서 반드시 사교적인 성격이거나 특정한 유형의 사람이 될 필요는 없다. 세일즈를 잘하기 위해 특정한 성격이어야 한다고 믿는다면 핵심을 놓치고 있는 것이다. 핵심은 바로 이것이기 때문이다.

세일즈의 초점은 당신이 아니라 상대방이다.

만일 당신이 이 책의 모든 내용을 싹 잊어버리고 이 한 문장만 기억한다고 해도 우리가 이 책을 쓴 보람은 충분하다. 이 문장만 마음에 새겨도 당신의 세일즈와 삶은 놀랍게 변화하기 때문이다. 세일즈의 성사 여부와 상관없이 상대방과 맺는 관계 자체를, 상대방에게 가치를 전해주는 것을 무엇보다도 중요하게 여겨라.

그러면 만족스러운 동시에 재정적 보상도 얻는 경험을 하게 될 것이다 이 책의 핵심 메시지를 가슴 깊이 새기길 바란다.

다시 한 번 더 강조하지만 세일즈의 초점은 당신이 아니라 상대방이다.

세일즈로 생계를 꾸려가는 것이 당신의 목표인가? 그렇다면 눈높이를 조금 더 높여라. '생계를 꾸려갈 정도'에 만족하는 것은 이렇다 할 득도 실도 없다. 말하자면 물에 빠지지 않고 간신히 고개만 수면 위로 내밀고 있는 상태 말이다. 하지만 당신이 할 수 있는 것은 분명히 그 이상이다. 멋지게 위로 날아오를 생각을 해보는 건 어떤가?

대개 수면 위로 고개를 내밀고 있는 것이 목표인 사람은 결국 물속으로 가라앉고 만다. "그럭저럭 먹고살 만큼만 벌었으면 좋겠어"라는 태도를 가진 사람은 결코 세일즈에서 좋은 성과를 낼수 없다. 태도는 전염되기 때문이다. 사람들이 당신에게 끌리거나 끌리지 않는 것은 사실 당신이 판매하는 상품이나 서비스와는 상관이 없다. 그것을 결정하는 것은 바로 '당신과 함께 있을 때 그들이 어떤 기분을 느끼는가'이다. 사람들은 단순히 상품에만 관심을 갖는 것이 아니다. 그들은 긍정적이고 의욕적인 기분을 느끼고 싶어 하며 때로는 변화를 경험하고 싶어 한다.

우리가 이 책을 쓴 이유는 당신이 생존을 넘어서 '나날이 발전하도록' 돕고 싶어서이다. 당신이 사람들과 관계를 맺으면서 그들 삶의 질을 높이는 데 기여하기를, 또 당신 자신과 주변 사람들의 삶을 더욱 풍성하게 만들기를 바란다. 우리의 목표는 그저 잘사는 것이 아니라 훌륭하게 사는 것이 되어야 한다.

밥 버그, 존 데이비드 만

위대하고 엄청난 성공에 이르는
다섯 가지 법칙

첫 번째

(**가치의 법칙**)

당신의 진정한 가치는 자신이 받는 대가보다

얼마나 많은 가치를 제공하느냐에 따라 결정된다.

두 번째

(**보상의 법칙**)

당신의 수입은 얼마나 많은 사람에게 도움이 되고

그 도움이 그들에게 얼마나 효과적이냐에 따라 결정된다.

세 번째

(영향력의 법칙)

당신의 영향력은 타인의 이익을
얼마나 우선시하느냐에 따라 결정된다.

네 번째

(진실성의 법칙)

당신이 다른 사람에게 줄 수 있는
가장 소중한 선물은 당신 자신이다.

다섯 번째

(수용의 법칙)

효과적으로 '주는' 비결은
마음을 열고 기꺼이 '받는' 것이다.

PART 2 보상의 법칙

PART 1

A Little Story About A Powerful Business Idea

가치의
법칙

1

나는 가치를 창조하는 사람이다

만일 이 책을 세일즈 교본으로 생각하고 펼쳤다면 지금 바로 덮기를 권한다. 이 책에서 우리는 세일즈 비법을 가르치지 않는다. 이유는 단순하다. 당신은 세일즈를 할 수 없기 때문이다. 사실 당신뿐만 아니라 우리도, 어떤 누구도 세일즈를 할 수 없다. 타인을 자신이 원하는 대로 행동하도록 조종할 수 있는 사람은 없기 때문이다.

세일즈맨인 당신이 세일즈를 할 수 없다면 무엇을 해야 할까? 고객이 자신의 의사에 따라 구매하는 방식의 세일즈가 성사될 수 있는 환경을 조성해야 한다. 말장난이 아니다. 모든 성공한 세일즈맨들은 실제로 그렇게 하고 있다. 상품을 판매하는 것이 아니라 다른 무언가를 창조하는 것이 당신이 해야 할 일이다. 바로 '가치'를 창조하는 것 말이다. 세일즈맨은 자신이 하는 일의 본질을 세 단어로 정의할 수 있어야 한다. 나는 가치를 창조한다.

"우습게 보고 하는 얘기는 절대 아닙니다만 이 동네에 서는 어떻게 핫도그 가판대가 근사한 노변 카페보다 더 장사가 잘 되는 거죠?"

_조

가치는 어떤 물건에 대해 갖게 되는 상대적인 값어치나 소유욕을 의미한다. 따라서 그 물건이 금전적 가치를 지니기 위해서는 갖고 싶고 사용하고 싶은 욕구를 자극하는 장점이나 특질이 있어야 한다.

세일즈 과정의 80퍼센트는 가치 창조이다. 세일즈와 직접적으로 관련된 부분은 고작 20퍼센트에 불과하다. 세일을 하는 순간에도 당신은 세일을 '하는' 게 아니라 세일을 '받는' 것이다. 그에 관한 자세한 설명은 이 책의 마지막 장으로 미루고 이번 장에서는 가치 창조에 관해서만 살펴보기로 하자.

당신이 세일즈맨이든 아니든 당신은 다른 사람들을 위해

가치를 창조하는 방법을 알고 있는가? 가치를 창조하는 방법은 수없이 많다. 하지만 이번 장에서 우리는 다섯 가지만 살펴볼 것이다. 탁월함, 일관성, 배려, 공감 그리고 감사이다.

탁월함

자신이 잘하는 일을 하며 살아가는 삶은 정말 좋다. 하지만 돈과 시간을 맞바꾼다는 생각을 하면 먹고살 수 있을 만큼만 일하겠다는 안일함에 빠지기 쉽다. 가치를 창조하려는 마음가짐으로 일할 때 비로소 창조적 변화가 일어난다. '가치의 법칙'에 따르면 받는 돈만큼 일하는 것만으로는 충분치 않다. 대가를 떠나서 얼마나 큰 가치를 창조하느냐에 중점을 두고 일해야 하는 것이다. 그래야만 당신이 하는 일이 탁월해질 수 있다.

전화 받는 예절, 편지나 이메일 관리법, 깔끔한 옷차림을 유지하는 일, 상대방의 이름을 정확히 부르는 것 등 모든 일에 최선을 다해 탁월해지기 위해 노력하면 다른 사람들을 위해 가치를 창조할 수 있다. 당신이 핫도그 가판대 주인이라면 항상 최고의 재료(갓 구워낸 빵, 신선하고 아삭한 피클, 순살 소시지 등 ─옮긴이)를 사용하고, 늘 가판대와 당신 자신의 청결을 유지하는 것이 탁월함에 이르는 비결이다. 항상 완벽한 상태를 유지하라는 얘기가 아니다. 그것은 애초에 불가능한 주문이다. 최대한 능력을 발휘하겠다는 마음가짐으로 당신이 하는 모든 일에 탁월해지도록 최선을 다해야 한다.

리츠칼튼 호텔에 묵을 때에는 직원들로부터 "안녕하세요?", "어때요?", "괜찮아요?" 등 격의 없는 인사말을 듣는 경우가 결코 없다. 그들의 인사는 언제나 정중한 "안녕하십니까?"이다. 그들의 수고에 대해 감사의 말을 건넬 때 돌아오는 대답 역시 "뭘요"가 아니라 "아닙니다. 언제든 말씀만 하십시오"이다. 그리고 그 인사나 대답에서는 판에 박힌 인사말이라는 느낌이 들지 않는다. 그들의 진심에서 우러나오기 때문이다. 그러한 인사나 대답을 하기 위해 특별한 노력이나 경비가 들어가는가? 아니다. 그러한 인사나 대답은 어떤 결과를 빚어내는가? 탁월함이다. 이 세상 모든 숙박시설이 같은 방법을 사용해 경쟁에서 우위를 점할 수 있다. 하지만 그들은 그렇게 하지 않는다.

한편, 탁월함은 '값비쌈'을 의미하는 게 아니다. 탁월한 가치를 제공하는 능력은 고급 서비스 산업이나 명품 브랜드 사업에만 필요한 것이 아니다. 감동적인 맛과 서비스는 값비싼 전문 식당에서만이 아니라 대중음식점이나 분식집에서도 경험할 수 있다. 물론 핫도그 가판대에서도 가능하다. 가격과 가치는 비례하지 않는다. 아니 '가치의 법칙'에 따르면 실제로 비례하는 경우는 없다고 말할 수 있다.

일관성

세상은 불확실성으로 넘쳐나는 사막이다. 항상 변치 않는 상품이나 서비스를 제공하면 당신은 사막에서 늘 푸른 오아시스 같은 존재가 될 수 있다.

존이 사는 동네에 꽤 유명한 식당이 하나 있다. 하지만 그곳의 음식 맛은 수시로 변한다. 존의 집에서 좀 더 먼 거리에 비슷한 가격대의 식당이 한 군데 더 있다. 그곳의 음식은 늘 맛있다. 존 부부가 어디서 외식을 하는지는 쉽게 짐작할 수 있을 것이다. 저녁 식사를 놓고 모험을 하기보다는 운전을 오래 하더라도 기대를 어그러뜨리는 법이 없는 식당을 찾는 게 당연하다.

탁월함과 일관성을 함께 추구할 때 당신은 엄청난 가치를 창조할 수 있다.

배려

밥은 여행할 일이 생기면 먼저 짐 헐버트라는 에이전트를 찾는다. 어디로 여행을 가든 누구나 손쉽게 직접 예약할 수 있는 요즘 같은 시대에 여행사 에이전트는 한물 간 직업이라고 생각하는 사람들이 많을 것이다. 하지만 밥은 항상 짐에게 여행에 관한 모든 걸 맡긴다. 그 까닭은 무엇일까? 아주 사소한 사항들까지 꼼꼼히 챙겨주는 세심한 배려를 통해 짐이 엄청난 가치를 창조하고 있기 때문이다.

우선 밥이 원하는 항공편을 원하는 시간에, 그것도 가장 저렴한 요금에 이용할 수 있도록 최선을 다한다. 게다가 밥이 원하는 좌석을 정확히 알고 있으며 가능한 한 업그레이드하려고 노력한다. 또한 항공사에 수시로 연락해서 비행 스케줄에 변화가 생기면 즉시 밥에게 알려준다.

밥이 떠나기 전에는 이메일을 통해 여행의 안전과 편안함을 빌어주고 긴급 상황에 대비해 자신의 휴대전화 번호를 다시 한 번 상기시킨다. 여행에서 돌아온 밥은 늘 이메일에서 짐의 환영 메시지를 발견한다. 그 메시지에는 다음 번 여행을 더욱 편안하게 만들기 위해 개선할 점을 알려달라는 부탁이 덧붙여 있다. 밥은 당연히 주위 사람들에게 짐을 소개한다. 짐은 밥을 위해 가치를 창조했고 이런 노력 덕분에 그의 사업은 나날이 번창하고 있다.

공감

공감이란 다른 사람의 입장에 서는 것을 의미한다.

몇 년 전, 존의 아내인 애나가 무릎이 부러졌을 때 이 부부는 공감의 중요성을 새삼 깨달았다. 애나의 부상은 다중 골절

이었기에 상당히 심각했고 완쾌되는 데 꼬박 2년이 걸렸다. 그 기간 동안 부부는 다섯 군데 항공사를 각각 여러 차례 이용했을 정도로 여행을 많이 다녔다.

사우스웨스트 항공사를 이용할 때 비행기에 가장 먼저 탑승하는 승객은 언제나 애나였다. 그리고 목적지 공항에 도착하면 반드시 휠체어가 대기하고 있었다. 장시간 비행을 할 때에는 애나가 다친 다리를 편하게 뻗을 수 있도록 승무원들은 세 개의 좌석을 확보해주려고 노력했다. 거의 만석일 경우에도 예외는 아니었다. 나머지 네 항공사들의 서비스도 그다지 나쁜 편은 아니었다. 하지만 사우스웨스트의 세심한 배려와는 거리가 있었다. 심지어 애나가 다리를 절룩이며 맨 뒷좌석까지 걸어갔던 적도 있다. 결국 그들은 가치를 창조할 수 있는 기회를 여러 번 놓친 셈이다. 아니, 그들은 그것이 기회라는 사실조차 인식하지 못했다. 승객 입장에서는 훈련을 받아본 적도 없고 그런 마음이 일지도 않았기 때문이다.

감사

우리는 거의 혹은 전혀 경제적인 부담 없이 사람들의 삶에 가치를 더해줄 수 있다. 다른 사람들을 위해 가치를 창조하는 가장 효과적인 방법 중 하나는 감사하는 것이다. 아무리 사소할

지라도 긍정적인 변화를 일으킨 사람에게 그 사실을 정확히 언급하며 감사함을 표현하면 엄청난 가치를 창조할 수 있다. 이때 감사는 당연히 진심에서 우러나야 한다.

미시간에 있는 마리 자쿠비악 회계 사무실에서는 새로운 고객을 단순한 인사말로 맞이하는 법이 없다. 처음 방문하는 고객들을 가장 먼저 맞이하는 것은 사무실 문 앞에 '새로운 고객이 되어주셔서 감사합니다'라고 적힌 환영 팻말과 꽃으로 장식한 고객의 이름이다.

감사를 뜻하는 단어 'appreciate'의 어원은 '가격을 정하다'라는 의미를 지닌 라틴어 'appretiare'이다. 세월이 흐르는 동안 그 단어는 '호의에 감사하다'와 '가치가 제고提高되다' 이렇게 크게 두 의미로 사용되었다.

재미있지 않은가? 당신이 사람들에게 감사할 때에는 당신의 가치가 절상切上되고 당신이 감사를 모를 때에는 당신의 가치가 절하切下된다니 말이다. 당신의 가치를 절상시키고 싶은가? 그렇다면 감사하라.

2

당신이 파는 상품은 모두 맥거핀이다

"나는 고객들에게 그 자체로 대단한 가치를 전해주는 고품질의 제품을 팔고 있지 않은가! 가치 창조는 회사 차원에서 해야 할 일이고 나는 훌륭한 제품을 판매하는 데만 신경을 쓰면 되는 거 아닌가?"

가치 창조에 관한 우리의 이야기에 이런 회의를 품는 사람도 있을 것이다. 당신이 보험 상품 세일즈맨이라고 가정하고 다음 질문에 대답해보자.

"당신은 어떤 사업에 종사하고 있죠?"

"물론, 보험 사업이죠!"라고 곧장 대답하고 싶겠지만 잠깐 기다려라.

차, 집, 컴퓨터, 샌드위치 혹은 법률이나 금융 서비스 등 당신이 파는 상품이 무엇이든 당신은 그 상품을 판매하는 사업에 종사하고 있다고 말할 수 없다.

당신이 파는 것은 '맥거핀Macguffin(속임수, 미끼라는 뜻으로 극의 초반부에 중요한 것처럼 등장했다가 사라져버리는 일종의 헛다리 짚기 장치를 칭함)'이다.

그 가게가 유명해진 건 핫도그가 아니라 그 가게의 젊은 주인 때문이었다. 사람들에겐 한 끼의 식사가 아니라 식사하는 과정에서 겪게 되는 경험이 중요한 것이었다. 어네스토는 핫도그를 구입하는 고객들에게 잊지 못할 감동을 선사했다.

서스펜스 장르 영화의 대가 알프레드 히치콕Alfred Hitchcock에 의해 탄생한 맥거핀은 모든 이야기의 표면적인 중심을 의미하는 단어이다. 영화 「레이더스: 읽어버린 성궤를 찾아서」에서는 고고학자, 인디아나 존스가 나치 수중에 들어가지 못하도록 온 힘을 다해 지키려는 성서 속 성궤가 맥거핀이다. 영화 「몰타의 매」에서는 그것을 둘러싸고 살인과 배신이 거듭되는 작은 매 조각상이 맥거핀이다. 영화 「시에라 마드레의 보물」

에서는 험프리 보가트Humphrey Bogart가 연기한 프레드 C. 돕스
와 일행들이 찾아내려고 기를 쓰던 산속 광산에 숨겨진 막대
한 양의 금이 맥거핀이다.

그런데 맥거핀에 관한 모든 설정에는 한 가지 흥미로운 사
실이 있다. 바로 영화 끝부분에 이르러서 우리는 이렇게 반문
하며 한 가지 중요한 사실을 깨닫게 된다는 것이다.

"이게 영화에서 하고 싶은 이야기인가? 아니지. 이 영화의
주제는 이게 아니야!"

인디아나 존스는 마침내 자신의 임무를 완수한다. 하지만
성궤는 조용히 그리고 영원히 땅속에 묻힌다. 몰타의 매 조각
상은 결국 가짜로 판명난다. 프레드의 금은 가루로 변해 바람
에 날린다. 주인공들은 온갖 노력을 다해 맥거핀을 추구하지
만 그 이야기들의 가치는 맥거핀에 있는 것이 아니라 그들이
맥거핀을 추구하는 과정 속에 있다.

당신이 파는 상품이 무엇이든 그것은 맥거핀일 뿐이다. 상
품이 중요하지 않다는 의미가 아니다. 상품이 전체 세일즈 과
정의 진정한 주인공이 아니라는 의미이다.

그렇다면 진짜 주인공은 무엇이란 말인가? 다른 사람들의
인생에 가치를 더하는 것, 그것이 바로 세일즈 과정의 주인공
이다. 당신이 판매하는 상품은 가치를 전달하는 하나의 매개

가 될 수는 있지만 결국 전체 세일즈 과정의 한 부분에 불과하다. 당신이 권하는 상품을 구매하지 않고도 당신을 만나고 알게 됨으로써 인생에 긍정적인 변화를 맞이하는 사람도 있다. 거래가 이루어지지 않았으니 엄밀히 말해 그 사람은 당신의 '고객'이라고 할 수 없다. 하지만 그는 다른 많은 잠재 고객들에게 당신을 소개하고 추천한다.

'세일즈를 성공시키기 위해서는 최우선적으로 자신이 파는 상품과 철저하게 사랑에 빠져야 한다.'

세일즈 교본들은 다들 이렇게 강조한다. 얼핏 듣기에는 너무도 지당한 얘기다. 하지만 그 얘기는 모순이다. 어떤 상품을 잘 팔기 위해서 반드시 그 상품을 열렬히 사랑해야 하는가? 대답은 'No'다. 상품을 사랑할 수는 있지만 반드시 그래야 하는 건 아니다. 물론 당신이 파는 상품을 믿어야 한다. 또한 당신의 맥거핀이 상대방에게 충분한 가치가 있음을 믿어 의심치 않아야 한다. 그래서 때로는 적극적으로 권할 수도 있어야 한다. 하지만 개인적으로 그 상품을 사랑해야 할 필요는 없다.

당신이 절대적으로 사랑해야 할 것은 사람들이 필요를 충족할 수 있도록 돕는 과정이다. 바로 가치를 창조하는 일과 사랑에 빠져야 하는 것이다. 자신이 파는 상품과 지나치게 깊숙한 사랑에 빠지는 것은 오히려 세일즈에 장애가 될 수 있다.

상품에 대한 사랑이 순교자적 열정으로 비쳐 잠재 고객들을 질리게 할 수 있기 때문이다. 광신자들 특유의 눈빛으로 그들에게 다가가보라. 당신의 이야기를 귀담아들을 사람은 아무도 없을 것이다. 세일즈를 할 때 당신이 주인공이 아니라는 사실을 명심해야 한다. 당신의 맥거핀도 아니다. 그 과정의 주인공은 바로 상대방이다.

여기서 한 가지 좋은 소식이 있다. 당신이 무엇을 팔든 세일즈맨으로서 당신은 늘 다른 사람들의 삶에 지대한 영향을 미칠 수 있는 기회를 갖는다는 사실이다. '지금 이 사람들이 상품 자체는 중요하지 않다고 말하는 건가?'라고 생각한다면 그야말로 오해다. 물론 상품은 아주 중요하다. 그리고 훌륭한 세일즈맨들 가운데 많은 사람들이 자신들이 파는 상품을 아주 좋아하며 심지어 평생 사용하기도 한다. 즉, 실제로 자신이 파는 상품과 사랑에 빠지는 것이다. 하지만 그것은 다른 차원의 문제이다.

당신의 맥거핀이 동급 상품 가운데 최고일 수도 있다. 어쩌면 삶을 바꿀 만한 영향력을 발휘할 수도 있다. "이제 이것 없이는 살 수 없어" 혹은 "그때 이 상품을 만나지 못했더라면 현재의 나는 없었을 것이다"처럼 맥거핀의 가치를 극찬하는 고객도 얼마든지 있다. 하지만 맥거핀은 세일즈라는 이야기의 주인공이 아니다. 주인공은 다른 사람들의 삶과 접촉해서 가치를 향상시키는 과정이다.

대니얼 어브는 다섯 살 때 주의력 결핍 및 과잉행동장애Attention Deticit Hyperactivity Disorder, ADHD 진단을 받았다. 하지만 그녀의 어머니, 메리언은 어린 딸이 독한 처방약을 지속적으로 복용하게 할 수 없었다. 그래서 임상 치료법 대신 대니얼의 미래를 약속해줄 수 있는 다른 방법들을 찾아다녔다.

대니얼은 아기 때부터 이상하게도 말을 좋아했다. 시간을 두고 관찰한 결과, 말과 함께 있을 때면 대니얼의 표현력과 집중력이 향상된다는 사실을 알아냈다. 자아에 대한 그녀의 인식이 발전하는 현상이 나타나는 것이다.

두 모녀는 결과에 크게 고무되었다. 그리고 그들이 발견한 사실을 세상과 나누기로 결심했다. 두 사람은 대니얼과 비슷한 증상을 앓고 있는 아이들이 보다 밝은 미래를 살아갈 수 있도록 자신감과 자존감을 키울 수 있는 프로그램을 개발하기에 이르렀다. 그 프로그램을 토대로 그들은 일반 공립학교에 적응하지 못하는 아이들을 위한 사립 대안학교를 설립했다. 그 대안학교가 현재 ADHD나 자폐 진단을 받은 청소년들을 교육시키고 보살피는 특수교육기업 '혼자 할 수 있어요Drop

Your Reins'의 전신이다.

'혼자 할 수 있어요'에서는 승마를 가르친다. 하지만 그것은 하나의 맥거핀일 뿐이다. 대니얼과 메리언이 실제로 하고 있는 일은 다른 사람들의 삶에 변화를 일으키는 것이다.

『기버1』에서 어네스토는 핫도그 가판대에서 시작해 부동산 왕국을 이룩했다. 하지만 진정한 의미에서 그의 성공은 핫도그와는 전혀 상관이 없었다. 그의 핫도그는 정말 맛있었다. 그러나 그것은 핫도그라는 맥거핀일 뿐 어네스토가 진정으로 한 일은 사람들의 삶을 변화시킨 것이었다.

3

윈-윈 전략은 비기기 전략이다

베풂의 역할을 충분히 깨닫지 않고서는 훌륭한 세일즈맨이 될 수 없다.

'더 많이 줄수록 더 많이 갖는다.'

이것이 바로 '아낌없이 주는' 철학의 핵심이다. 하지만 그게 과연 가능할까? 얼핏 보기에는 논리에 위배되는 주장처럼 들린다. 하지만 이것은 지극히 논리적이다. 다만 우리에게 익숙한 것과는 다른 유형의 논리일 뿐이다. 마치 뉴턴의 물리학과 양자물리학 간의 차이와도 같다.

뉴턴의 물리학은 2+2=4라는 논리로 구성되어 있다. 그것은 행동과 반응이 인과관계로 맺어지며 연속선상에서 일어난 사업에서건 아니면 다른 어떤 영역에서건 '지출(호의를 베풀고)'과 '수입(호의를 받고)'을 중심으로 인간관계를 맺고 유지한다면 그것은 친구가 아니다. 그것은 채권자이다.

_샘 로젠

다는 논리, 즉 모든 행동은 그에 상당하거나 상반되는 반응을 수반한다는 논리에 의해 지배된다. 초기 물리학에서는 사물의 최소 구성 요소로 당구공처럼 생긴 원자의 존재를 가정했다. 그들이 생각하는 원자는 평소에는 잠자코 있다가 충격을 받으면 비로소 예측 가능한 선을 그리며 움직이는 수동적인 작은 공이었다.

양자물리학은 원자가 수동적인 당구공이 아니라는 사실을 밝혀냈다. 이 이론에 따르면 원자는 그 자체로 하나의 작은 우주를 구성하고 있으며 예측 불가능한 방향으로 움직이는 막대한 에너지를 함축하고 있다.

전통적인 사업상의 거래는 당구공 논리에 의해 진행된다. 만약 '당신이 내게 100달러를 주면 나는 당신에게 100달러 상당의 장작을 준다', '당신이 내게 1000달러를 빌려주면 나는 당신에게 1000달러에 이자(물리학에서는 마찰과 같은 - 옮긴이)를 합친 금액을 돌려준다'는 뉴턴의 법칙처럼 당구공 논리에 따른 계산도 어느 정도까지는 효과적으로 기능한다. 모두들 회계장부를 꼼꼼하게 기록하며 수입과 지출 그리고 미수금과 미지급금 간의 균형을 맞추기 위해 노력한다. 하지만 사업이란 단순히 장부상의 대차대조가 아니다.

당구공 논리는 당구대라는 국한된 공간에서는 정확히 들어맞는다. 하지만 사업상 거래의 중심인 인간관계의 상호작용은 그 논리로는 설명되지 않는다.

전통적인 물리학의 관점에서 보자면 당신의 상품은 주거나 파는 행위를 통해 감소한다. 장작, 철, 기름, 시간, 노력, 그 무엇이든 당신이 일단 주거나 팔면 당신의 재고는 감소한다. 경제학이 '우울한 학문'이라는 별명을 갖게 된 것도 바로 그런 이유에서다. 지속적으로 감소하는 과정을 기록하기 때문이다.

당구공 논리는 길이, 무게, 시간 혹은 전자 장비의 원리를 측정하고 따지기에는 적합할지도 모른다. 하지만 사람들과 인간관계의 상호 작용을 설명하기에는 불충분하다. 그럼에도 우리는 종종 당구공 논리를 인간관계에 적용한다. "어제는 내가 설거지했으니까 오늘은 당신 차례야"라고 말이다.

"대부분의 경우 원-원 전략이란 교묘하게 위장된 점수 기록에 지나지 않네. 모두 비기긴 하지만 어느 쪽도 이익을 얻지 못하는 확실한 방법이지. 어떻게 보면 공평해. 내가 네 등을 긁어주었으니 이제 내 등도 긁어주라는 식이랄까."

『기버1』에서 샘은 조에게 이렇게 얘기했다. 회계장부를 기록하듯 인간관계를 '수입'과 '지출'로 계산하려는 시도는 결코 성공할 수 없다는 메시지를 간접적으로 전하고 있는 것이다. 서로 '간지러운 곳을 긁어주는' 횟수는 따질 수 있겠지만 그 정성과 시원한 정도를 수치로 환산해서 정확하게 비길 수는 없지 않은가. 결국 당구공 논리에 입각한 인간관계에서는 어느 시점에 이르러 반드시 갈등이 불거지는 것이다. 수많은 결혼 생활이 파경에 이르는 것도 그 때문이고 대부분의 국가들이 군사력 증강에 힘을 기울이는 것도 그 때문이다. 당구공 논리를 인간관계에 적용하기 때문에 이 세상에 갈등과 전쟁이 끊이지 않는다고 해도 틀린 말이 아니다.

다시 한 번 강조하지만 당구공 논리로는 인간관계를 설명할 수 없다. 우리 모두는 서로 다른 물리학에 기초하고 있기 때문이다.

알린 소렌슨은 아이오와 주, 할란 소재의 정보기술 기업 하트랜드 테크놀로지 솔루션스Heartland Technology Solutions의 CEO다. 『기버1』을 읽은 후, 그는 220개 동종 업체들을 주도하여 하트랜드 테크 그룹Heartland Tech Group을 발족했다. 같은 해 여름, 그들은 베풂을 주제로 하계수련회를 개최했다. 수련회에서 그들은 '아낌없이 주는' 원칙을 자신들의 사업에 접목하기 위해 갖은 방법을 다각적으로 검토했다. 2008년 여름, 미국의 경기가 수직으로 곤두박질치기 시작한 시점에 그들은 오히려 아낌없이 베푸는 사업을 펼쳤던 것이다. 그리고 그 사업의 가장 큰 수혜자는 바로 그들이었다. 당시 상황을 알린의 입을 통해 들어보자.

"지난 주말, 회원사 사장 두 명이 바쁜 일정을 접어두고 다른 주로 날아갔습니다. 폐업까지도 심각하게 고려하고 있는 어느 회원사를 돕기 위해서였죠. 그 회사의 상태를 면밀하게 검토한 후, 그들은 해결 방안을 세울 수 있었습니다. 나는 오늘 아침에 그들의 활동에 관한 보고를 받았어요. 곤경에 처한 회원사의 리더가 현 사태를 '해결 가능'하다고 여기게 됐다는 내용이었죠. 그를 도운 두 명의 리더 역시 현실적으로 그들의 사업에 도움이 될 만한 많은 정보를 얻었다고 했습니다."

9개월 뒤, 알린은 그 뒤에 벌어진 상황을 다시 전해왔다. 그의 이야기는 '베풂'의 실제적 가치를 입증해준다.

"4/4분기에 이르자 그 리더는 회사를 재정비할 수 있게 되었습니다. 부채는 대부분 갚았고 나머지 역시 상환할 수 있는 현금을 모을 수 있었지요. 이듬해 1/4분기에는 매출과 이윤의 대폭적인 신장을 자축하는 현수막이 회사 건물벽에 주렁주렁 걸렸어요. 한 가지 흥미로운 사실은 그 회사를 도와 다시 일으켜 세운 두 사람이 그때 투자했던 시간과 에너지 그리고 돈 덕분에 자신들에게 엄청난 변화가 일어났다고 주장한다는 겁니다. 그 경험을 통해 마음이 풍요로워진 건 물론이고 사업상의 다양한 접근 방식과 리더십에 관해서도 많은 교훈을 얻었다고 합니다. 교훈들을 그들의 회사 운영에 활용하면 사업의 성장에 큰 도움이 될 것은 물론이고요."

당구공 논리의 경제학과는 전혀 반대로 인간적 상호작용의 경제학에서는 지출은 감소가 아니라 증강이다. 그 논리에 따르면 더 많은 지식을 줄수록 더 많은 지식을 얻게 된다. 감사, 인정, 지혜, 배려, 모두 마찬가지다. 그것들을 움켜쥐고만 있으면 이자가 붙기는커녕 오히려 가치가 감소한다. 따라서 실질적으로 더 많은 가치를 얻기 위해서는 계속 베풀어야 한다.

많은 사람이 삶의 최고의 가치로 꼽는 사랑의 원리가 바로 그렇지 않은가! 진정한 인간관계의 경제학과 세일즈의 본질은 사랑과 같은 원리인 것이다.

더 많이 베풀수록 더 많이 얻는다.

4

열차를 움직이는 데 집중하라

가치 창조의 중요성을 이해했다면 지금 당신은 이렇게 생각할 수도 있다.

"좋아, 당신들 얘기는 충분히 알아듣겠어. 그렇다면 확실하게 가치를 창조해서 세일즈가 이루어지게 유도하는 방법은 뭐지?"

그런 방법은 없다. 가치 창조는 세일즈를 성사시키기 위한 수단이 아니다. 그 밖에 어떤 다른 목적을 이루기 위한 수단도 아니다. 가치 창조를 위한 가치 창조, 그것이 전부이다.

성공적인 세일즈맨이 되기 위해서는 일단 세일즈가 성사되어야 한다. 하지만 세일즈에 관한 생각은 잠시 접어두고 한 가

"미안합니다…… 저로서는 이해가 가지 않는군요. 그건 파산으로 가는 지름길인 것 같습니다. 마치 당신이 돈 버는 걸 피해가려는 것처럼 보입니다." 조가 솔직히 말했다. "그렇지 않네." 어네스토는 손가락 하나를 세워 흔들면서 말을 이었다. "'이렇게 하면 돈을 벌 수 있을까?'라는 질문 자체는 나쁜 게 아니야. 오히려 훌륭한 질문이지. 다만 최우선적으로 고려해서는 안 될 질문이라는 걸세."

지 문제에만 집중하자. 다른 사람들을 위해 가치를 전달하는 데 모든 노력을 기울이는 것이다. 그렇게 하다보면 저절로 세일즈가 성사되고 돈도 따라 들어온다.

돈은 가치의 메아리이자 가치라는 번개를 따르는 천둥이다. 가치를 창조하면 돈은 저절로 따라온다. 여기서 돈에 관해 올바른 관점을 유지하는 것이 중요하다. '이렇게 하면 돈을 벌 수 있을까?'라는 질문 자체는 나쁜 게 아니다. 그것은 좋은 질문이다. 하지만 최우선적으로 고려해야 할 질문은 아닌 것이다.

『기버1』에서 어네스토는 조에게 이렇게 단언한다.

"첫 번째 질문은 이걸세. '다른 사람을 만족시키는가? 그들에게 가치를 더해주는가?' 대답이 긍정이라면 계속 전진하게.

'돈이 되나?'라는 질문은 그 다음에 묻는 걸세."

돈을 최우선 목표로 삼는 자세가 옳지 않다면 돈을 부정하거나 돈에 전혀 관심 없는 척 행동하는 태도 역시 옳지 않다.

"돈 때문에 이 일을 하는 게 아니다."

주변에서 자주 듣는 얘기이다. 물론 진심인 경우도 있을 것이다. 하지만 대부분의 경우 자신들이 요구하는 금전적인 대가에 대한 변명처럼 들린다. 혹은 점잖은 대화에서 돈이라는 단어를 언급하는 게 꺼림칙하기 때문일 수도 있다.

돈에 관해 올바른 관점을 갖고 있다면, 다시 말해 돈에 좌우되어 어떤 일을 하려는 게 아니라면 그런 얘기를 하지 않을 것이다. 진정 믿을 만한 사람은 '이건 정말인데'라는 말로 대화를 시작하지 않는 법이다.

인간관계에서 돈이 개입되면 많은 사람들이 갈등을 겪게된다. 사실 돈에 대한 올바르지 못한 관점 때문에 성공에 이르는 길을 스스로 막아버리는 사람들이 너무도 많다. 우리 사회에는 박애주의와 개인주의 사이에 근본적인 모순이 존재한다는 인식이 표면적으로든 암묵적으로든 팽배해 있다. 다시 말해 다른 사람들의 이익을 우선시할 수도 있고 자신의 이익을 우선시할 수도 있지만 그 두 가지를 동시에 추구할 수는 없다는 생각이 일반적이란 얘기다. 하지만 그것은 잘못된 인식이다. 그릇된 이분론적 논리에 충실하다보면 당신은 무의식적으로 다음 두 가지 가운데 한쪽으로 마음을 굳힌 채 잠재 고객을 대하게 된다.

a) 나는 탐욕스럽고 교활하며 저 사람을 제물로 삼아 목적을 이루겠다.
b) 나는 저 사람을 도우려는 사명을 가진 이타적인 사람이므로 나의 이익을 절대 도모해서는 안 된다. 따라서 나한테 득이 되는 결과는 철저히 피할 것이다.

하지만 이는 그릇된 딜레마이다. 개인적 이익을 추구하려는 본능과 이타심은 상충되는 개념이 아니다. 그 둘은 오히려 동전의 양면과도 같다.

베푸는 삶을 살기 위해 순교자적인 희생이 필요한 것은 아니다. 순교자는 자신의 이익을 도모하는 행위와 다른 사람을 돕는 행위가 상충된다는 이분론을 따른다. 하지만 솔직히 그런 자세를 진정한 의미의 베풂의 정신이라고 보기는 어렵다. 진정으로 베푸는 사람은 그러한 갈등을 느끼지 않는다. 그들은 베푸는 행위를 통해 쌍방이 동시에 이익을 누릴 수 있다고 믿는다. 말하자면 자신에게 유익한 일을 하면서 다른 사람들에게도 가치 있는 존재가 되는 것이 그들 삶의 철학인 것이다.

제임스 P. 스미스는 어느 마케팅 서비스 기업의 세일즈 담당자다. 얼마 전 그는 솔트레이크시티에서 출장 업무를 성공적으로 완수하고 비행기에 탑승하기 직전에 『기버1』을 누군가에게서 건네받았다.

"나는 프레젠테이션 현장에 모인 모든 사람들을 내 편으로 만들었다. 내가 팔려는 상품에 모두들 적극적으로 관심을 보인 것이다. 이보다 더 성공적일 수는 없었다. 미팅 장소를 걸어 나오면서 나는 이미 벌어들일 돈을 계산하고 있었다. 비행기에 탑승하고 안전벨트를 맨 뒤, 그 책의 첫 페이지를 펼치기 직전까지도 내 머릿속은 즐거운 계산으로 꽉 차 있었다. 하지만 책장을 한 장 두 장 넘기면서 나는 세일즈에 관한 내 마음가짐이 처음부터 잘못되었다는 사실을 깨달았다. 바로 그때, 비행기 안에서 나는 한 가지 단단한 결심을 했다. '파는' 일을 중단하고 모든 것을 고객의 관점에서 바라보겠다는 다짐이었다. 나는 하늘에서 그 책을 이미 한 번 통독했고 비행기가 휴스턴에 착륙했을 때 두 번째 훑어보는 중이었다. 나도 모르는 사이에 두 눈에 눈물이 고여 있었다."

출장에서 돌아온 직후, 제임스는 솔트레이크시티 회사의 마케팅 책임자로부터 전화를 받았다. 한 가지 특별한 일을 해달라는 부탁이었다.

"예전의 나였다면 당연히 이렇게 대답을 했을 것이다. '물론입니다. 저희가 충분히 할 수 있습니다.' 하지만 난 이미 『기버1』을 읽었다. 나는 우리 회사에서는 그들이 원하는 서비스가 아직 실험단계에 있다고 솔직히 밝힐 수밖에 없었다. 그리고 그의 주문을 완벽히 충족시켜줄 수 있는 회사를 소개해주겠다고 했다. 전화선 저편에서는 한동안 침묵이 흘렀다. 전화를 끊은 뒤 업무적으로는 예전에 느껴본 적 없는 엄청난 행복감이 밀려왔다. 얼마 후 그 책임자가 다시 전화를 걸어와서 다른 회사를 소개해준 것에 대해 그리고 내 솔직함에 대해 심심한 감사를 표했다. 그리고 우리와 파트너십을 유지할 것을 약속했다. 물론 그 파트너십은 우리 회사로서는 한마디로 대박이었다."

세일즈맨인 당신이 돈에 대해 올바른 관점을 유지하는 가장 바람직한 방법은 상대방의 이익을 우선적으로 고려하는 습관을 들이는 것이다. 상대방을 위해 가치를 창조하는 방법은 무엇일까? 그들의 경제적 이윤을 도모해줄 수 있는 방법은 무엇일까? 그들의 수익을 높이고 자산가치를 제고시키기 위해 도울 수 있는 방법은 무엇일까?

다른 사람들을 위해 가치를 창조하는 일에 기울이는 노력의 정도에 따라 당신의 개인적·사회적 가치가 결정된다. 그 일에 기울이는 노력이 크면 클수록 당신에게도 더 큰 혜택이 돌아온다. 더욱 탄탄한 파트너십, 더욱 돈독한 인간관계 그리고 물론 더 많은 수입이 저절로 따라오는 것이다.

『기버1』을 출간하고 몇 주일 뒤, '블로거 뉴스 네트워크'의 편집장 사이먼 배럿이 자신의 사이트에 이 책에 대한 서평을 올렸다. 책 속 문장 몇 개를 예시하고 난 뒤 그는 이렇게 덧붙였다.

"저자들이 제시한 아이디어는 내 경험을 그대로 반영하고 있다. 18개월쯤 전에 나는 컴퓨터 산업에서 더 이상 재미를 볼 수 없다는 걸 깨달았다. 30년이 넘도록 그 분야에서 일하는 동안 내가 가진 자원이 모두 고갈된 것 같았기 때문이다. 대신 나는 글을 쓰고 싶었다. 하지만 초보작가의 글을 책으로 엮겠다고 선뜻 나서는 출판사는 없었다. 나는 '좀 더 큰 가치를 베풀겠다'고 마음먹었다. 대가를 바라지 않고 글을 쓰기로 결심한 것이다. 그런데 그런 마음가짐으로 글을 쓰기 시작하자 곧 내 글을 사겠다는 요청이 오기 시작했다. 나는 여전히 컴퓨터 쪽 일을 하고 있지만 저술활동을 통한 수입도 꽤 괜찮은 편이다."

1년 뒤, 우리는 사이먼의 근황을 알아보았다. 그는 컴퓨터 관련 사업에서 완전히 손을 뗀 상태였다. 그리고 아내 잔과 함께 저술활동과 인터뷰를 생업으로 삼고 있었다. 그 상황에 관해 사이먼은 이렇게 얘기했다.

"일단 열차가 움직이기 시작하자 상황이 저절로 풀렸다. CNN에서는 우리를 리포터로 위촉했다. 나에게 말을 걸 거라고 상상도 못했던 사람들이 제발로 내게 다가오고 있다. 정말로 무언가 하기를 원한다면 할 수 있다. 우리 부부는 그 사실을 분명히 깨달았다. 삶이란 결국 자신이 만들어가는 것이니 말이다."

"일단 열차가 움직이기 시작하자 상황이 저절로 풀렸다."
참 근사한 표현이다. 열차를 움직이게 하는 것은 바로 가치를 창조하려는 노력임을 명심하자.

5

자신의 이익을 추구하는
본능을 버릴 필요는 없다

우리는 성인聖人이 아니다. 우리 모두는 결정적인 순간에 이익을 추구하기 마련이다. 이런 본능을 무시하는 건 헛된 노력일 뿐이다. 개인의 이익 추구는 인간의 타고난 본성 가운데 하나이며 그 자체로 바람직한 행위이다. 우리의 심장이 뛰고 신진대사가 이루어지는 것도 생존을 위한 생리적 본능 때문인 것처럼 말이다.

그렇다면 아낌없이 베푸는 사람이 된다는 것이 인간의 본성에 반하는 걸까? 절대로 그렇지 않다. '다섯 가지 성공 법칙'을 활용하기 위해서 개인적인 이익을 도모하겠다는 마음을 완전히 버릴 필요는 없다. 다만 잠시 접어두자는 것이다. 영국

의 네트워킹 전문가 토머스 파워가 지적한 '자기 이윤 추구의
자발적 일시 중지' 상태에 한번 들어가보자는 얘기이다.

"잠깐만요. 그러니까 자신에게 이익이 되는 일들이 일
어난다는 거잖아요. 하지만 당신은 결과에 대해서 생각
하지 않는다고 당신 입으로 얘기했잖아요." 조가 따지듯
물었다. "맞아, 결과에 대해 생각하면 안 되지. 하지만
그렇다고 일어날 일이 일어나지 않다는 건 아닐세!" 어
네스토가 대답했다.

사실 그런 상태는 우리에게 전혀 낯설지 않다. 특히 재미있
는 영화를 볼 때 우리는 그와 비슷한 상태에 스스로 몰입하곤
한다.
예를 들어 제임스 본드가 악당들의 본거지를 실제로 날려
버리는 게 아니라는 사실을 우리는 알고 있다. 악당 두목이 제
임스 본드의 머리에 총을 겨누고 있는 상황에서 그가 태연하
게 농담을 날릴 때 우리는 그의 목숨이 실제로 위태한 지경이
아니라는 사실을 알고 있다. 하지만 영화를 제대로 즐기기 위
해 우리는 기꺼이 우리의 불신을 일시적으로 정지시킨다.
영화관에 발을 들여놓는 순간 우리는 스크린에서 펼쳐지는

상황이 실제라고 믿는 척한다. 스릴, 공포, 긴장 등 영화가 전달하는 모든 감정을 고스란히 느끼면서 카타르시스를 맛보기 위해서이다. 그러면서도 그 내용이 사실이 아니라는 것을 우리는 여전히 인식하고 있다. 하지만 그 인식을 잠시 접어 둠으로써 우리는 영화에 몰입할 수 있다. 영화가 끝나고 현실적인 감각을 되찾고 나서도 영화가 준 재미를 계속해서 즐기기 위해 여전히 그 상황이 실제인 것처럼 자신과 주변을 기만하기까지 하지 않는가.

그와 똑같은 과정을 세일즈에도 활용하자는 게 우리의 주장이다. 자신의 이익을 추구하려는 본능을 버리거나 부인하자는 게 아니라 잠시 접어 두자는 것이다. 그러고 나면 가치의 법칙에 충실하게 세일즈 과정을 수행할 수 있다.

마크 벡포드라는 블로거가 『기버1』을 읽은 뒤 우리에게 다음과 같은 편지를 보냈다.

"친구가 중국에서 로펌을 설립하기 위해 우수한 현지 변호사들을 초빙하려 노력하고 있다는 소식을 전해왔습니다. 당신들의 책을 읽고 나는 이런 생각을 하게 됐습니다. '그를 돕기 위해 뭘 해야 할까?' 그러다보니 언젠가 일을 의뢰한 적이 있었던 중국계 변호사가 떠올랐습니다. 워싱턴 DC의 로펌에 근무하고 있지만 시간을 쪼개 베이징에서도 변호 업무를 맡고 있는 사람이었습니다. 그 사람이라면 중국과 미국, 양쪽 법률계에 상당한 네트워크를 갖고 있을 것이라는 판단이 서더군요. 그래서 두 사람을 서로 소개해주었습니다. 그러자 이번에는 친구가 내 일에 발 벗고 나서주었습니다. 덕분에 새로 유치한 거래처가 열다섯 곳이 넘습니다."

이런 생각을 '얻기 위한 베풂'이라고 오해하는 사람들이 더러 있다. 하지만 우리의 얘기는 결코 그런 차원이 아니다. 얻기 위해 주는 것은 자신의 이익을 염두에 둔 행위이다. 그 행위의 핵심은 얻는 것이다. 그것은 이렇게 말하는 것과 마찬가지이다.

"내가 괜찮게 행동하면 저 사람들은 나를 좋아할 것이고 결국 내 물건을 구입할 것이다."

그런 세일즈 전략은 갈수록 더 '괜찮은' 자세를 갖추게 해준다는 점에서 바람직할 수는 있다. 하지만 그것은 여전히 '이렇게 하면 돈을 벌 수 있을까?'라는 질문을 우선하는 행동이다. 돈을 벌기 위해 전략적인 차원에서 너그럽게 행동해서는 안 된다. 아무 사심 없이 너그럽게 행동해야 한다.

또한 자신의 이익을 도모하기 위한 포석으로 다른 사람들의 이익을 배려해서도 안 된다. 돈을 위해서가 아니라 다른 사람들을 위해 가치를 창조하고 난 뒤에 느끼는 만족감을 위해 세일즈를 해야 한다. 당신은 무조건적으로 베푸는 사람이고 그래서 다른 사람들을 위해 가치를 창조한다는 믿음이 필요하다. 이렇게 할 때 유익한 일들이 저절로 일어난다.

이것은 역설이다. 자신의 이익을 도모하기 위해 다른 사람들을 위한 가치를 창조한다면 어느 순간 그 의도가 드러날 것이다. 따라서 반드시 보상이 있을 거라는 사실은 알고 있되, 보상에 집착하지 않는 마음가짐으로 무조건 베풀어야 하는 것이다.

6

당신의 경기는 언제나 호황이다

이쯤에서 당신은 이런 의문을 품을 수도 있을 것이다.

"베풂에 관한 당신들의 생각은 아주 훌륭해. 경기가 좋고 모든 게 풍부할 때는 말이지. 하지만 경기가 나쁠 때에도 과연 그럴까? 그럴 때는 어떻게든 견뎌내기 위해 주머니를 여미고 허리띠를 조이는 게 옳지 않을까?"

그렇지 않다. 사실 '아낌없이 주는 삶'의 원칙은 경기가 좋지 않을 때 더욱 빛을 발한다. 경기가 나락으로 곤두박질칠 때 사람들은 공황 상태에 빠지기 쉽다. 하지만 경기는 오르내림을 반복하는 것이고 실제적으로 개인의 경제 사정이 경기의 곡선과 늘 일치하는 것은 아니다. 불경기 동안 당신은 이전의 재정 상태를 고스란히 유지할 수 있을 뿐만 아니라 오히려 향상시킬 수도 있다.

방법은 간단하다. 가치 창조를 위한 노력에 더욱 박차를 가하는 것이다. 가치의 법칙은 상당히 실용적인 측면을 지니고 있다. 당신의 목표가 오로지 물건을 파는 것이라면 당신의 성공은 고객의 결정에 의해 좌우된다. 하지만 당신의 목표가 상대방을 위해 가치를 창조하는 것이라면 성공은 당신의 노력 여하에 좌우된다. 다른 사람의 결정을 바꿀 수는 없지만 자신의 행동은 얼마든지 조절할 수 있기 때문이다. 이렇듯 '아낌없이 주는 삶'의 다섯 가지 법칙을 충실히 따르면 당신은 주변 여건의 영향을 받지 않는 당신만의 '호황'을 유지할 수 있다.

물론 당신 역시 우리 사회의 구성원이다. 따라서 경기의 영향력으로부터 완전히 자유로울 수는 없다. 우리가 하고 싶은 얘기는 그 영향력에 끌려다니지 말라는 것이다. 파도가 거칠게 이는 바닷가에 서 있는 자신의 모습을 떠올려보라. 파도가 당신의 두 발을 휘감고 바다 속으로 끌고 가려 한다. 당신은 어떤 선택을 하겠는가? 주변에 널린 온갖 부유물처럼 조류에 휩쓸리겠는가? 아니면 말뚝에 몸을 묶고 버티겠는가? 물론 당신은 버틸 것이다. 그렇다면 전체 사회의 경제 분위기에 휩쓸리지 않으려면 어떻게 해야 할까?

첫 번째로 주변 상황과 상관없이 당신의 경기는 호황이라고 믿어야 한다. 현실을 외면하라는 얘기가 아니다. 불경기 때 사람들은 당연히 보다 신중하게 구매를 결정한다. 따라서 세일즈맨들은 호경기 때에 비해 훨씬 더 초조하고 절박해진다. 그런 부정적인 감정은 어떤 식으로든 상대방에게 전달되고, 결국 실패로 이어진다. 이때 당신의 경기가 호황이라는 사실을 당신 자신이 절대적으로 믿는 것이 중요하다. 그래야만 내면의 자신감과 안정감이 상대방에게 고스란히 전달되기 때문이다.

두 번째로 불경기 때에는 가치 창조에 더 많은 노력을 기울여야 한다. 상대방이 지불하는 금전적인 대가보다 더 큰 가치를 전달하는 것이 모든 성공한 비즈니스의 비결이다. 가치를 창조하려는 노력은 어떤 경제적 상황 속에서도 이윤을 창출할 수 있다.

참으로 역설적인 상황이 아닌가! 불경기 때 '얻기' 근본 전략을 펼치는 사람들의 비즈니스는 위축되지만 '주기'를 근본으로 삼는 당신의 비즈니스는 부정적인 영향을 받기는커녕 오히려 번창하니 말이다.

2008년 가을, 헤더 베터글리어는 시티 모기지의 부회장으로 재직하고 있었다. 그녀가 직접 이끄는 사업부는 탄탄하게 운영되고 있었고 그녀는 어떤 혹독한 불황이 와도 끄떡 없을 것을 자신했다. 하지만 그해 연말, 경기가 곤두박질치자 그녀는 해고되었다. 그녀는 학벌도 우수했고 대기업에 근무한 경력 또한 화려했기 때문에 쉽게 새로운 직장을 찾을 수 있다고 생각했다. 하지만 이는 착각이었다. 그동안 갖고 있던 연줄을 총동원했지만 오라는 곳이 없었다.

"한 번도 실직해본 적이 없어요. 헤드헌터들이 늘 먼저 날 찾아왔거든요."

나중에 헤더는 우리에게 이렇게 말했다. 하지만 이번에는 달랐다. 그녀는 이제 실업자가 되었다. 한 달, 두 달, 석 달이 결실 없는 노력 속에서 속절없이 흘러갔다. 마침내 그녀는 중대한 결심을 했다. 같은 네트워킹 그룹에 소속돼 있었던 다른 일곱 명의 중역 출신 실직자들과 힘을 합쳐 '일자리를 찾는 중역 출신 실직자들을 위한 모임'을 창안한 것이다.

헤더는 그 상황을 다음과 같이 설명했다.

"우리 그룹에는 『기버1』을 읽은 사람이 둘 있었습니다. '무엇을 하든 다른 사람들을 먼저 배려한다는 법칙만은 변함이 없어야 한다!' 그들은 이렇게 주장했고 우리 모두 동의했지요. 그리고 그 다짐을 실천할 방법을 의논했습니다!"

'베풂'이 철저하게 반영된 조직 강령과 '다른 중역 출신 실직자들을 먼저 돕는 일에 헌신할 수 있는가?'라는 질문이 포함된 신입회원 심사기준을 갖춘 세인트루이스의 이제넷ExecNet은 그렇게 탄생했다. 2009년 봄, 헤더는 자신들의 근황을 알려왔다.

"현재 우리 그룹에는 150여 명의 회원이 있습니다. 우리의 최우선적인 사안은 서로를 돕는 것입니다. 우리 회원들 상당수가 이미 새 직장을 찾았고 나머지 회원들 가운데서도 많은 사람들이 마지막 단계의 면접만을 남겨두고 있습니다. 물론 늦게 가입한 회원들은 이제 시작이긴 하죠. 어쨌든 고작 3개월밖에 안 된 우리가 산을 옮기고 있는 겁니다."

헤더와 그녀의 동료들은 심각한 곤경에 처해 있었다. 하지만 그들은 불경기 속에서 실직자가 된 불안한 상황에서도 베푸는 삶을 실천했다. 다른 사람들에게 가치를 전해주기 위해 열심히 노력하는 동안 그들의 '불황'은 저절로 '호황'으로 바뀌었다.

PART 2

A Little Story About A Powerful Business Idea

보상의
법칙

1

타인의 삶에 긍정적인 변화를 일으켜라

"불공평해!"

자식을 키우는 사람이라면 이런 불평을 수도 없이 들었을 것이다. 어른도 이런 불평을 한다. '불공평해'라는 말은 '나는 이해가 안 돼. 왜 이래야만 하는 거지?'를 의미하는 만국공용어라고 할 수 있다.

우리 사회가 아이돌이나 스포츠 스타 혹은 영화배우에게는 엄청난 돈을 퍼주면서 음지에서 일하는 영웅들(소방관, 간호사 등)에게는 인색하다는 사실은 너무 불공평하지 않은가?

그리고 이미 성공한 세일즈맨들만큼 열심히 공부하고 자신이 판매하는 제품에 관해 잘 알고 있으며 고객들에게 최선을 다하는 보통 세일즈맨들은 어떤가? 정말 불공평한 세상이지 않은가?

　　"있잖아요, 나는 항상 그게 너무나 불공평한 것 같았
　　어요. 영화배우나 스포츠 스타들은 돈더미에 파묻히는
　　데…… 학교 선생님들처럼 정말로 훌륭한 일, 정말로 고
　　귀한 일을 하는 사람들은 그들의 가치만큼 대우를 받지
　　못하는 현실 말이에요."
　　　　　　　　　　　　　　　　　　　　　　　　_조

　　수고에 대한 보상 체계의 불공평함은 두말하면 잔소리일
것이다. 하지만 실은 그렇지 않다. 일단 당신이 '보상의 법칙'
을 이해하고 나면 그 체계가 상당히 합리적이라는 사실을 깨
닫게 될 것이다.
　　인생에서 성공하기 위해서는, 그래서 불공평하지 않은 보상
을 받기 위해서는 다음과 같은 3단계 프로그램을 따라야 한다
고들 한다.

　　첫째, 가치 있는 목표를 세워라.
　　둘째, 열심히 노력하라.

셋째, 그 과정 속에서 항상 좋은 사람이 되어라.

더 큰 성공을 거두기 위해서는 이 세 가지를 더욱 충실하게 실천하면 된다고들 한다. 가치 있는 목표를 그저 꿈꾸지 말고 절실하게 꿈꾸고, 목표를 향해 그냥 노력하지 말고 피땀 흘리며 노력해야 하며, 그 과정 속에서 웬만큼 좋은 사람이 아니라 진실로 좋은 사람이 되려고 열심히 노력해야 한다.

너무도 지당한 교훈들이다. 충실히 따르기만 하면 엄청난 보상이 따르는 성공을 거둘 수 있을 것 같다. 하지만 안타깝게도 현실은 그렇지 않다. 그렇다고 우리가 이 교훈을 가볍게 여기는 건 절대 아니다. 가치 있는 목표, 열심히 노력하는 자세 그리고 좋은 사람이 되는 것, 세 가지 모두 성공에 필요한 요소들이며 그 자체로 삶의 목표가 될 수 있을 만큼 훌륭하다. 다만 이것만으로는 불충분할 뿐이다. 유감스럽게도 이 세상의 보상은 선량함과 근면, 성실 등 당신이 지닌 장점과 비례하지 않는다.

"보상은 당신의 영향력에 의해 결정된다."

'가치의 법칙'에 따라 금전적인 대가 이상의 가치를 창조하는 것이 세일즈 성공의 초석이다. 하지만 사람들을 위해 가치를 창조하는 것만으로는 성공을 보장할 수 없다. 가치를 통해 가능한 한 많은 사람들에게 긍정적인 영향을 줄 때 비로소 커다란 보상을 기대할 수 있는 것이다. 그것이 '보상의 법칙'의 핵심이다.

『기버1』에서 교사였다가 성공한 사업가로 변신한 니콜 마틴은 조에게 두 가지 법칙에 대해 이렇게 말했다.

"첫 번째 법칙은 당신이 얼마나 가치 있는 사람인지를 결정해요. 달리 말하면 성공 가능성, 즉 미래에 얼마나 많이 얻을 수 있느냐는 가능성과 관련이 있지요. 하지만 현재 당신이 얼마만큼 얻을 것인지를 결정하는 것은 바로 두 번째 법칙이에요. 당신이 받는 보상은 당신이 얼마나 많은 사람에게 긍정적인 영향을 미치는지에 정확히 비례한다고 할 수 있죠."

더 큰 보상을 얻기 위해서는 영향력을 확산시켜야 하고 영향력을 확산시키기 위해서는 더 많은 사람들과 교류해야 한다. 전통적인 세일즈 교본에서도 '파이프 라인'을 확장해야 할 필요성을 강조하고 있다. 세일즈의 파이프 라인은 당신이 접촉하는 사람들로 이루어지며 확장을 위한 가장 효과적인 수단은 말, 즉 입소문이다.

블록버스터를 기대하며 수억 달러를 건 모험을 감행하는 할리우드의 영화제작자든, 정원이 몇십 명에 불과한 시설이 가득차기를 고대하는 어린이집 원장이든 사업을 하는 사람이라면 입소문의 중요함을 잘 알고 있을 것이다. 물론 다른 유형의 광고나 마케팅도 효과적이기는 하다. 하지만 그런 방법들은 입소문의 효과를 대체하거나 강화하는 수단에 지나지 않는다. 사람들은 어떤 경험을 통해 받았던 영향을 반드시 말을 통해 주위에 전달하기 때문이다.

아네트 크라벡은 교사로 사회생활을 시작했다. 하지만 경제적으로 힘들어 과외 교습 아르바이트를 해야 했다. 그녀는 아주 상냥하고 끈기 있는 성격의 소유자였고 학생들은 그녀를 좋아했다. 소문은 순식간에 퍼져나갔다. 그녀에게 과외를 받기를 원하는 학생들이 그녀 혼자 힘으로 감당할 수 없을 만큼 많아지자 아네트는 다른 강사들을 채용했다. 곧 교사 시절과는 비교할 수도 없을 만큼 경제 사정이 좋아졌다.

아네트는 접촉 범위를 넓힘으로써 자신의 가치를 높였다. 그리고 그것은 더 나은 보상으로 직결되었다. 아네트는 인식하지 못하고 있었지만 그녀의 성공 과정은 일련의 모범적인 세일즈 과정이었다. 그녀가 판매한 것, 즉 그녀의 맥거핀은 과외 교습이었다. 하지만 그녀에게 계약을 유도하는 특별한 기술이 있었는가? 아니, 그렇지 않다. 그렇다면 탁월한 세일즈 프레젠테이션이 마련되어 있었나? 역시 그렇지 않다. 그녀의 성공은 자신이 가르치는 아이들을 위해 가치를 창조하려는 그녀의 노력에서 비롯되었다. 그 노력은 그녀가 처음 가르쳤던 아이들에게 긍정적인 영향을 끼쳤고 그에 관한 학부모들의 입소문이 그녀에게 엄청난 보상을 안겨준 것이다.

세일즈맨으로서 당신이 해야 할 일이 바로 이거다. 단순히 당신의 맥거핀을 팔려고만 할 게 아니라 다른 사람들의 삶에 긍정적인 영향을 미치는 가치를 전달해야 한다. 선량함이나 가치는 돈으로 환산할 수 없다. 하지만 영향력은 돈으로 환산이 가능하다. 더 많은 수입을 올리고 싶은가? 그렇다면 더 많은 영향력을 발휘하라.

2

사람 앞에 어떤 수식어도 달지 마라

보상의 법칙에 따르면 당신의 수입은 당신이 가치를 전달하는 '사람들'의 숫자와 그 가치의 수준에 정확히 비례한다. 여기서 당신은 작은따옴표 속 단어에 주목해야 한다. 이는 잠재 고객도, 고객도 아닌 바로 '사람들'이다.

세일즈 분야에서 고객으로 유치하고 싶은 사람들을 우리는 '잠재 고객prospect'이라고 부른다. 이 단어 자체는 전혀 나쁜 의미가 아니다. 하지만 이 단어는 우리의 생각을 잘못된 방향으로 유도할 수 있는 요소를 가지고 있다.

'prospect'는 '먼 거리를 내다보다'라는 의미를 지닌 라틴어 'prospicere'에서 유래했다. 갈망과 기대, 희망과 의도가

"인간관계에서 전문가가 되고 싶은가?
그렇다면 먼저 인간이 되어라."

_데브라 데븐포트

혼합된 의미를 전달하던 'prospect'는 1800년대 중반에 이르러 팬pan을 이용해 사금을 걸러내는 작업에까지 원용되어 캘리포니아 골드러시 시절 금 사냥꾼을 일컫는 'prospector'라는 단어가 탄생하게 되었다. 그것이 세일즈의 목표물인 잠재 고객을 'prospect'라고 부르게 된 연유이다.

"이봐, 저 사람이 잭 데이비스야. 아주 훌륭한 잠재 고객이지. 가서 한번 팬에 넣고 흔들어보자고. 진흙과 모래를 털어내면 금덩어리가 나올지도 몰라."

이득을 얻기 위해 사람을 팬에 넣고 흔들다니!

당신이 해야 할 일은 다른 사람들의 삶에 긍정적인 변화를 불러일으키는 것이다. 잠재 고객이란 실제적 존재가 아니다. 그것은 세일즈맨의 마음속에 형성된 하나의 개념일 뿐이다. 당신이 그 비현실적인 존재를 의식하면 할수록 당신은 눈앞에 서 있는 실제 사람을 소홀히 대하게 된다.

세일즈를 성사시키는 것 또한 하나의 개념이다. 하지만 다른 사람들의 삶에 변화를 일으키는 것은 현실이다. 세일즈는 개념에 관한 것이 아니다. 세일즈는 사람에 관한 것이다.

가능성, 가망 혹은 미래의 사건에 관한 정신적 이미지. 'prospect'의 사전적 정의이다. 당신이 누군가를 '미래에 발생할 유익한 가능성 요인'으로 간주하고 접근한다면 당신은 그 상대방을 실제 사람으로 보고 있는 것이 아니다.

물론 세일즈맨에게는 잠재 고객이 필요하다. 하지만 잠재 고객의 의미를 진지하게 되새겨볼 필요가 있다. 새로운 사람들을 만날 때마다 당신 자신에게 이 질문을 던지면 도움이 될 것이다.

"이 사람의 삶에 내가 긍정적인 변화를 불러일으킬 가능성이 있는가?"

1991년, 스베틀라나 킴은 구소련의 난민 신세로 뉴욕에 도착했다. 영어라고는 단 한 마디도 몰랐고 호주머니에는 단돈 1달러뿐이었다. 하지만 그녀는 사람들의 삶에 가치를 더하겠다는 마음 하나로 이역에서의 새로운 생활을 시작했다. 파출부, 방문 판매원 등 온갖 궂은일을 하면서도 마음가짐에는 변화가 없었다. 그 덕에 그녀는 얼마 안 가 컨설팅 회사에 취직했고 짧은 시간 안에 재정상담가로서 능력을 인정받았다. 2006년에 그녀는 워싱턴 DC로 이주했다. PR업계의 선두주자 퍼블릭 어페어스 그룹Public Affairs Group에 스카우트됐기 때문이다.

"정말로 기뻤죠. 하지만 기쁨도 잠시였어요. 그해 연말까지 63만 2000달러를 모금하라는 명령을 받았으니까요. 건물이나 주식을 파는 것도 아니고 멤버십과 기업의 스폰서십만을 통해 막대한 액수를 유치한다는 건 정말 불가능한 일처럼 보였죠."

얼마 후 다양성과 리더십에 관한 어느 컨퍼런스에 참석한 그녀는 '유로-아메리칸 여성 회합'의 설립자 로울라 로이 알라포야니스를 만났다.

"우리가 나눴던 첫 대화를 아직도 기억해요. 짧지만 다정한 대화였죠. 로울라는 러시아어로 자기소개를 했어요. '나는 로울라입니다. 난 러시아 말을 아주 잘 합니다. 우리 서로 연락하며 지내요.'"

이후 스베틀라나는 로울라가 참석하는 자리라면 어디든 쫓아다녔다. 감사편지나 둘이 함께 찍은 사진을 꼬박꼬박 보낸 것은 물론, 로울라의 신상 변화를 세심하게 보살폈다.

"그녀가 내게 무척 중요한 존재라는 사실을 로울라에게 알리기 위해 정성을 다했습니다. 고객으로서만이 아니라 인간으로서도 말이죠. 어느 정도 시간이 흐르자 그녀가 자기 친구들에게 나를 소개하기 시작하더군요. 고객들도 추천해주고요. 정말 순식간에 제 목표 금액을 초과 달성할 수 있었습니다. 30만 달러나 더요."

100만 달러에 가까운 실적을 올리자 스베틀라나는 입사한 지 1년도 안 되어 회사의 프로듀서들 가운데 2인자 위치에 올라섰다.

"그것보다 훨씬 더 중요한 사실은 로울라와 내가 평생 친구가 됐다는 사실입니다."

스베틀라나는 이렇게 덧붙였다.

많은 사람들의 삶에 긍정적인 영향을 주기 위해서는 일단 많은 사람들과 접촉해야 한다. 그러나 영향력을 끼치기 위해서는 우선 편안한 마음으로 그들을 만나야 한다. 그들을 분석하고 판단하느라 복잡한 마음 상태가 되어서는 바람직한 결과를 이루어낼 수 없다. 아무 계산 없이 편안하게 그들과 함께 시간을 보내야 한다. 그리고 외향적인 성격이나 유려한 말솜씨보다는 사람들에 관한 진정한 호기심과 함께 한자리에서 편안한 마음을 유지할 수 있는 능력 등이 요구된다.

여기서 당신은 다시 다음과 같은 의문을 품을 수도 있다.

"하지만 사람들이 내가 파는 상품에 관심을 가지리라는 걸 어떻게 알 수 있지?"

알 수 없다! 그리고 알 필요도 없다. 이 단계에서 당신이 해야 할 일은 그런 걱정이 아니다. 당신은 사람들을 고객으로 만들기 위해 만나는 것이 아니다. 그들이 사람이기에 그리고 당신이 그들의 삶에 관심이 있기에 만나는 것이다.

그들 중 어떤 사람들은 당신의 제품이나 서비스에 관심을 갖게 될 것이다. 또 어떤 사람들은 당신을 다른 고객들에게 추천할 것이다. 하지만 그런 결과는 때가 되어 스스로 드러날 때까지 내버려두자.

여기서 중요한 문제는 가능한 한 많은 물건을 파는 것이 아니다. 또한 많은 사람들에게 파는 것도 아니다. 많은 사람들의 삶에 긍정적인 영향을 주는 것이 중요하다. 세일즈 실적과 결과는 그 영향력의 부산물일 뿐이다. 번개에 수반하는 천둥처럼 둘은 필연적인 인과관계인 것이다.

3

라포르를 형성하라

　　여기서 퀴즈. '전형적인 세일즈맨'이라는 말
을 들으면 어떤 수식어가 가장 먼저 떠오르는가?

　청중들에게 이런 질문을 던지면 여러 가지 대답이 나온다.
'뺀질거리는', '약아빠진', '열성적인', '중고차' ……. 그 가운
데서도 단연코 첫 번째를 차지하는 단어는 '말이 빠른'이다.

　"채 써는 기능, 다지는 기능, 짜는 기능, 핀셋 기능, 그 뿐만
아니라 야채수프를 만들어 먹을 수 있고 감자튀김을 해 먹을
수 있고…… 잠깐만요, 좀 더 들어보세요!"

　세일즈맨들은 왜 그렇게 말을 빨리 할까? 물론 짧은 시간
안에 많은 정보를 알리기 위해서이다. 하지만 많은 정보를 제

"나는 원래 아이들의 이름을 잘 잊어버리지 않네." 어네스토가 설명했다. "그리고 아이들의 생일도 잘 기억하고." 핀다가 말을 받았다. "좋아하는 색깔, 만화 주인공, 그리고 그 아이들의 친한 친구들의 이름까지도." 잠시 말을 멈춘 핀다는 조를 한 번 흘깃 보고 난 뒤 힘을 주어가며 한 마디를 덧붙였다. "그밖에 많은 것들도."

공하는 게 성공적인 세일즈의 결정적 요소는 아니다. 세일즈의 성패를 좌우하는 것은 세일즈맨의 영향력이다. 일반적인 믿음과는 반대로 유려한 말솜씨는 훌륭한 세일즈맨의 필수조건이 아니다. 쉴 새 없이 말을 늘어놓는 사람은 오히려 효율적인 커뮤니케이션을 하지 못 하는 사람이다. 상대방에게 말할 기회를 주지 않으니 진정한 의미의 대화가 불가능하기 때문이다.

훌륭한 세일즈맨의 필수조건은 대화를 통해 다른 사람들과 유대감을 형성하는 능력이다. 가장 바람직한 대화는 서로에게서 공통된 관심사를 발견하고 공통의 관심사를 통해 유대감을 형성하여 의미 있는 시간을 함께하는 것이다. 대화나 거래의 쌍방이 서로 조화롭게 어울리는 상태를 적절하게 표현하는 단어가 있다.

라포르Rapport(심리적 유대)

접촉하는 사람들의 숫자와 영향력의 수준에 따라 당신의 수입이 결정된다고 할 때 라포르를 바탕으로 한 인간관계는 미래의 재정 상태에 결정적인 영향을 미친다.

라포르를 형성하기 위해 특별한 기술이 필요한 것은 아니다. 이것은 누구나 개발할 수 있는 능력이다. 또한 사회적 존재로서 인간이 반드시 익혀야 할 능력이기도 하다. 따라서 세일즈맨이든 아니든 풍요로운 삶을 누리기 위해서는 라포르를 형성하는 능력을 개발해야 한다.

라포르는 공감을 통해 형성된다. 새로 알게 된 사람들끼리 흔히 날씨를 화제에 올리는 이유는 서로 공감하기 때문이다. 공통된 경험을 찾아내는 것, 그것이 바로 라포르를 형성하는 핵심이다. 스탠딩 개그를 하는 개그맨들이 뜬금없이 "여러분 중에 뉴저지 출신 있으세요?"와 같은 질문을 던지는 이유도 공동의 심리적 유대감, 즉 라포르를 형성하기 위해서이다. 처음 만난 사람끼리 출신 고등학교나 취미, 자녀 관계나 음악적 취향을 묻는 까닭도 의식적이든 무의식적이든 라포르를 형성하기 위한 노력의 일환이다.

사람들은 대개 가족에 관해 얘기하기를 좋아한다. 잘나가는 남편, 현숙한 아내, 모범생인 딸, 운동을 잘하는 아들……. 가족에 관한 자부심은 누구나 가지고 있다. 그래서 가족이 대화의 주제가 될 때는 더욱 조심해야 한다. 자부심이 지나쳐 큰 실수를 저지를 수 있기 때문이다.

처음 만난 사람에게 가족에 관해 물었다고 하자. 상대방의 입에서 올 A를 받는 딸 자랑이 쏟아졌을 때, 당신이 이렇게 대꾸한다면 어떨까?

"아, 그래요? 저도 그 기분 잘 알고 있습니다. 제 딸이 장학생이거든요. 사실 그 아이는 전교 1등을 놓친 적이 없죠. 학교 선생님들도 하버드 조기입학은 따논 당상이라고 한다니까요."

과연 라포르를 형성할 수 있을까? 공통된 경험을 찾되 그 경험을 당신을 내세우기 위한 전주로 삼아서는 안 된다. 특히 당신이 세일즈맨이라면 주인공이 되고 싶은 충동을 자제해야 한다.

한편, 처음 만난 상대방이 열네 살짜리 딸에 관해 자랑을 하는데 당신에게는 그 또래의 딸이 없거나 아예 아이가 없다면 어떻게 응수해야 할까? 그럴 경우엔 다음과 같은 정도가 적절할 것이다.

"와! 열네 살이라고요. 참 좋은 나이죠. 우리가 그 나이 때

어땠는지 기억나십니까?"

당신의 반응에 상대방은 미소를 지으며 고개를 끄덕일 것이다. 누구라도 마찬가지이다. 우리 모두 '인간이라는 가족'의 구성원이니 말이다.

거의 모든 세일즈 교본과 연수 프로그램에서는 라포르의 중요성을 강조하며 라포르 형성을 위한 대화기술을 'FORM'이라는 두문자어로 설명하고 있다.

Family : 가족

Occupation : 직업

Recreation : 여가활동

Message : 메시지

이 네 가지를 화제에 올리다보면 최소한 한 가지 이상의 공통점을 찾을 수 있다는 발상이다. 어떤 세일즈 교본이나 연수 프로그램에서는 라포르 형성을 위해 그보다 훨씬 복잡한 방법을 가르치기도 한다. '신경언어학적 접근방법NLP'이나 '네 가지 성격 유형: 외향적, 다정다감적, 분석적, 실용적'과 거기서 파생된 다양한 성격 유형별 대응방법 등이 대표적이다.

통찰력을 배양할 수 있다는 점에서 보면 충분히 배울 만한 가치가 있는 방식들이다. 하지만 라포르 형성을 위해 반드시 이렇게 복잡한 기술들이 필요한 건 아니다. 오히려 간단하면서도 인간적인 방법이 효과적이다. 그중 가장 효과적인 방법은 웃는 것이다. 대부분의 경우 웃음만으로도 라포르가 형성된다. 그 밖에 인간적이면서 효과적인 라포르 형성 방법은 다음과 같다.

- 공손해야 한다.
- 상대방의 말을 끊지 않아야 한다.
- 상대방의 이야기를 경청해야 한다.
- 웃어야 한다(너무나 중요하기에 다시 한 번 강조한다.).
- 부탁할 때는 '부디', 고마울 때는 '감사합니다'를 잊지 말아야 한다.
- 상대방에게 진심으로 관심을 가져야 한다.

소녀 시절에 걸스카우트 쿠키를 팔았던 테리 머피는 시카고에서 매년 100채 이상의 주택 거래를 성사시키는 어른이 되었다.

"어떤 상황에서든 사람들을 편안하게 만들어주겠다고 어릴 때부터 다짐했어요. 그 생각만 하면 기뻐서 가슴이 뛰었습니다. 나는 인간적인 유대감이 우리 사회의 어떤 장벽도 허물어 뜨릴 수 있다는 사실을 경험을 통해 믿게 되었습니다."

테리는 자신의 믿음을 확인할 수 있었던 한 가지 경험을 우리에게 들려주었다. 하와이에서의 강연 일정 때문에 부부가 로스앤젤레스 공항을 이용했을 때의 일이다.

"한 시간도 넘게 줄을 서서 기다린 끝에 델타 항공 크라운 라운지의 창구 직원에게 우리 부부의 티켓을 내밀었습니다. 그 직원은 우리의 티켓을 살펴보더니 이렇게 말했습니다. '죄송합니다만 두 분의 티켓에 문제가 있는 것 같습니다. 메인 창구로 가서 해결하셔야 탑승이 가능합니다.' 참 곤란한 상황이었습니다. 그녀의 얘기대로 하다간 자칫 비행기를 놓칠 수도 있었으니까요. 제 남편은 남부 신사 특유의 부드러운 매너로 호의를 부탁했지만 그녀의 태도는 단호했습니다. 할 수 없이 한참 떨어진 메인 창구를 향해 발길을 돌려야 했습니다. 그런데 그 순간 한 가지 생각이 떠올라 나는 다시 몸을 돌렸습니다. 나는 여러 나라 말을 할 줄 아는 사람이 아닙니다. 하지만 이태리 이민 가정 출신이기에 영어가 서툰 이민자들의 고충과 애환을 충분히 이해하고 있습니다. 그래서 외국사람과 처음 만날 때면 언제나 그 나라 말로 감사 표현을 어떻게 하는지 묻곤 합니다. 감사는 내가 가장 중요하게 여기는 인간적 가치들 가운데 하나이거든요. 게다가 상대방의 모국어로 감사의 뜻을 전하는 것 자체로도 즐겁고 그들의 문화를 존중한다는 마음을 전달할 수 있지요. 내가 단골로 다니는 세탁소 주인은 영어가 아주 서툰 한국인이었습니다. 세탁물을 맡길 때마다 그녀는 웃음으로 나를 반기며 'r' 발음을 최대한 굴리려고 노력하면서 이탈리아어로 감사하다는 말인 '그라지에Grazie'라고 인사를 하곤 했죠. 나도 최대한 발음에 신경 쓰면서 서툰 한국어로 '감사합니다'라고 화답하고요. 그때마다 우리는 웃음을 터트리곤 했습니다. 델타 항공 라운지에서 남편이 직원에게 사정을 이야기하는 동안 나는 그녀의 가슴에 꽂힌 명찰을 보았습니다. 그래서 그녀가 한국 출신이라는 걸 알 수 있었죠. 제가 마지막 순간에 다시 그녀를 향해 돌아선 까닭이 바로 거기에 있었던 겁니다. 그녀가 끝내 호의를 베풀지 않았을지라도 최소한 그녀의 하루를 조금이라도 즐겁게 만들어줄 수는 있으리라는 생각 때문이었습니다. 나는 활짝 웃으면서 그녀에게 한국어로 감사의 말을 건넸습니다. '감사합니다.' 그러고 나선 다시 라운지 출구를 향해 돌아섰습니다. 그런데 채 몇 발자국도 내딛지 않아서 그녀가 우리를 부르더군요. '저 좀 보세요. 잠시 이쪽에 앉아서 기다려주시겠습니까? 제가 혹시 처리할 수 있을지도 모르겠군요'라고 말하면서 말이죠."

사람들에 대한 테리의 애정과 라포르를 형성하기 위한 그녀의 적극적인 노력을 생각해보면 '1400만 달러의 여인'이라는 별명으로 불릴 만큼 그녀가 부동산업에서 큰 성공을 거둔 것은 지극히 당연한 일이다.

현대 정신치료학계의 거목인 밀턴 H. 에릭슨Milton H. Erickson 박사는 명실 공히 최고의 라포르 전문가다(사실 NLP교육 내용의 일부도 그의 메시지를 토대로 구성되었다. -옮긴이). 그는 또한 천부적인 이야기꾼이다. 그를 아는 사람이라면 위스콘신의 농장에서 보냈던 그의 유년 시절 이야기를 들으며 시간 가는 줄 몰랐던 추억을 가지고 있을 것이다.

젊은 시절 에릭슨은 대학등록금을 마련하기 위해 서적외판원으로 일했다. 어느 날 그는 아주 까칠한 성격의 나이든 농부의 농장을 방문했다. 농부는 마침 돼지들에게 먹이를 주고 있었다. 에릭슨이 방문 목적을 설명했지만 농부는 전혀 관심을 보이지 않았다. 다만 일하는데 방해되니 어서 사라지라는 말만 되풀이했다. 그렇게 대화 아닌 대화를 나누는 동안 에릭슨은 무심결에 함석지붕 조각을 집어 들고서 돼지들의 등을 긁어주었다. 그러자 놀라운 일이 일어났다. 농부가 갑자기 책을 사겠다는 것이 아닌가!

"돼지 등을 긁어주는 방법을 알고 있는 젊은이군."

그것이 농부가 마음을 돌린 이유였다. 라포르는 상대방의 모국어를 존중해주는 행위처럼 상당한 노력과 정성을 통해서 형성되는 경우도 있고 돼지 등을 긁어주는 행위처럼 단순한 손길만으로도 형성되는 때도 있다. 그 과정이 어떻든 중요한 것은 양쪽 당사자 모두 인간이라는 사실이다.

4

전문 기술이 아닌 인간 기술을 펼쳐라

"당신은 자신이 세일즈맨이라는 사실에 스스로 위축되는가? 우리는 당신의 기분Feel을 충분히 이해한다. 한때는 우리도 같은 기분Felt이었다. 하지만 우리는 그 느낌을 떨쳐버릴 수 있는 방법을 발견했다Found."

위 문장에는 이 세상 모든 세일즈맨들이 구사하는 한 가지 기술이 들어 있다. 바로 '3F' 기법이다.

Feel : 당신이 어떤 기분인지 알고 있다(문제 확인)

Felt : 나도 똑같은 기분을 느꼈다(공감 표현)

Found : 여기 내가 발견한 방법이 있다(상품 설명)

당신이 본연의 모습을 드러내지 않거나 다른 사람의 행동을 그대로 따라 하기만 한다면 사람들에게 다가갈 수 없다.

_데브라 데븐포트

그 밖에 계약을 유도하는 멘트인 "이 제품을 구입한다면 어떤 색깔로 하시겠습니까?" 등을 비롯해 세일즈맨들은 타이밍만 제대로 맞추면 효과를 발휘할 수 있는 수많은 전략과 기술들을 교본이나 연수 프로그램을 통해 배운다. 하지만 이런 기술들은 너무 자주 쓰여 오히려 세일즈의 방해물로 작용한다.

기술들이 가치가 없어서 그런 것이 아니다. 그것들은 충분한 가치가 있다. 세일즈맨과 고객의 이익을 동시에 제고시키는 기술이 많은 것도 사실이다. 문제는 그 기술들이 당신의 신경을 상대방으로부터 분산시킨다는 데 있다. 영업적인 목적을 위해 기술이나 전략을 집중적으로 구사하다보면 당신과 상대방 사이에 거리가 생긴다. 세일즈 현장에서 불편한 분위기가 조성되는 이유가 바로 거기에 있다. 상대방을 기술 구사의 대상으로만 보기 때문이다.

오랜 시간 꾸준히 연마하고 실행하면 기술은 '제2의 천성'이 될 수 있다. 바이올린 켜기, 비행기 조종하기 혹은 심장 수

술하기 등 많은 기술들이 철저하게 수련한 사람들의 손끝에서는 아주 자연스럽고 아름답게 구사된다. 하지만 우리들 대부분은 콘서트 전문 바이올리니스트나 민간항공기 조종사 혹은 심장수술 전문의가 되기 위해 오랜 세월을 혹독한 수련을 하며 보내고 싶어 하지 않는다.

다행히 세일즈는 심장 수술이 아니다. 데이트를 하거나 새로운 친구를 사귀는 것처럼 아주 기분 좋은 행위이다. 게다가 기술을 익히기 위해 오랜 시간 수련에 몰두할 필요도 없다.

"스스로 정한 목표에 도달하기 위해 필요한 것들 가운데 전문 지식이나 기술의 비중은 단 10퍼센트에 불과합니다. 나머지 90퍼센트는 사람을 대하는 기술이지요."

본인이 어떤 직업에 종사하든, 어떤 훈련을 받았든, 또 어떤 기술을 소유하고 있든 스스로 다른 사람에게 줄 수 있는 가장 귀한 선물이 되어야 한다며 『기버1』에서 데브라 데븐포트가 강조하며 말한 부분이다. 사실 세일즈 교본이나 연수 프로그램에서 가르치는 기술들은 이론상으로는 대부분 인간적인 공감에 근거를 두고 있다. 예를 들어 '3F' 기술의 바탕에는 상대방의 경험과 느낌을 존중하는 공감이 깔려 있다. 하지만 정작 세일즈 현장에서는 인간적인 측면들이 배제된 채 기계적으로 활용되는 경우가 대부분이다.

'상품 설명Found'을 하기 위해 형식적으로 '문제 확인Feel'을 하고 가식적으로 '공감 표현Felt'을 하는 것이다. 이때 상대방은 자신이 기술을 구사하는 대상이 되고 있다는 사실을 어떻게든 알아차리게 되고 그렇게 되면 기존에 형성됐던 라포르는 사라지게 된다.

세일즈 기술의 인간적인 측면을 살리기 위해서는 진실성을 묻는 질문을 항상 스스로에게 던져야 한다. 예를 들어 "그래요. 나도 그런 기분 압니다"라고 말하기 전에 당신이 정말로 상대방이 느끼는 불편을 알고 있는지 자신에게 물어야 한다. 그리고 당신이 정말로 예전에 그와 똑같은 느낌을 받은 적이 있는지도 스스로 확인해야 한다.

형식적이고 가식적으로 기술을 구사하는 것보다는 차라리 다음과 같이 솔직하게 말하는 것이 훨씬 효과적이다.

"정말 힘드셨겠어요. 저로서는 당신이 느끼는 걸 짐작만 할 수 있을 뿐입니다. 그와 비슷한 경험을 해본 적이 없으니 말이죠. 그래서 어떻게 하셨습니까?"

상대방의 이야기에 귀를 기울이고 진심에서 우러나오는 반응을 보이는 것이 이미 계획된 각본에 따라 대화를 이끌어가려고 노력하는 것보다 훨씬 효과적이라는 말이다.

앞에서 살펴보았던 'FORM' 접근 방법은 상대방과의 공통점을 확인할 수 있는 매우 유용한 기술이다. 하지만 그 기술을 활용할 때도 진정한 관심을 표현하는 정도를 넘어서서는 안 된다.

"현재 주거 환경에 만족하시나요? 그런데 어디 사시죠?"

세일즈 기술에 관해 지나치게 교육을 받은 세일즈맨들은 가끔 이런 식의 질문을 던진다. 상대방으로서는 당연히 취조를 받는 것 같은 느낌이 든다. 이런 상황에서는 라포르 형성을 기대할 수 없다.

또한 세일즈 교본과 연수 프로그램들은 대화 중에 상대방의 이름을 자주 언급하라고 가르친다. 이를 지나치게 의식한 세일즈맨의 입에서 무심결에 다음과 같은 대사가 튀어나올 수도 있다.

"잭, 있잖아요. 잭, 당신을 만나서 정말 영광이에요, 잭."

라포르는 상대방의 실소와 함께 사라질 것이다. 우리는 이름과 관련해서 세일즈맨들에게 다음과 같은 방법을 권하고 싶다.

첫째, 상대방의 이름을 정확히 알아야 한다. 상대방의 이름을 정확히 알기 위해 철자를 물어보거나 정확한 발음을 되묻는 것은 존경의 표현으로 받아들여진다. 반면 상대방의 이름을 틀리게 혹은 우물거리며 발음하거나 잘못 기억하면 반감을 사는 가장 확실한 방법이다. "아! 나는 사람들 이름을 잘 기억 못해!"라고 말하는 사람들이 있다. 그건 "아! 나는 웃지를 못해!"라고 말하는 것과 마찬가지이다. 웃는 것과 사람의 이름을 기억하는 것, 이 두 가지는 모두 잘 하기 위해 노력할 가치가 충분한 일들이다.

둘째, 상대방의 이름을 정확히 알고 나면 대화 속에서 그 이름을 언급해야 한다. 하지만 친한 벗들의 경우처럼 존경심을 담아야 한다. 누군가를 이름으로 부르는 것은 언어를 통해 그 사람의 팔짱을 끼는 것이다. 적절하게 사용하면 존경과 친근감의 표현이고 지나치게 남용하면 혐오감을 야기할 수 있다.

영업 기술과 전략은 세일즈맨에게는 아주 중요한 수단이지만 반드시 적절히 사용해야 한다. 부적절한 기술이나 전략을 무턱대고 시용하느니 아예 잊어버리고 오로지 세일즈맨 최대의 소명, 즉 가치 창조에만 전념하는 것이 훨씬 좋은 결과를 얻을 수 있다.

우리의 독자인 로라는 어느 대도시 커뮤니티 서비스 기관의 펀드레이저Fundraiser로 일하고 있다.

"매년 우리 부서의 직원들 각자에게는 기금 모금 목표가 주어집니다. 우리가 모금한 돈은 전액 우리 도시의 도심 정비를 위해 쓰입니다. 금년에 제게 주어진 목표액은 5000달러였습니다. 하지만 『기버1』을 읽고 난 뒤 나는 1만 5000달러를 모금할 수 있었습니다. 그 가운데 대략 3분의 1은 목표액을 채우지 못한 동료들에게 주었지요."

어떻게 된 일일까? 로라의 설명을 계속 들어보자.

"다운타운에서 사업하는 업주나 매니저에게 성금을 부탁할 때마다 나는 마음속으로 그들에게 가치를 전달하고 있다고 생각했습니다. 내가 부탁하는 금액보다 더 큰 가치를 그들에게 기꺼이 베풀고 있다는 마음으로 일한 거죠."

로라는 어떤 특별한 기술도 사용하지 않았다. 단지 자신이 부탁하는 돈의 액수를 넘어서는 가치를 사람들에게 전달하고 있다는 확실한 믿음이 목표액을 세 배나 초과 달성하는 결과를 얻은 것이다.

보상은 당신이 사람들에게 끼친 영향력의 메아리이다. 상대방을 위한 가치 창조를 최우선으로 여기며 관계를 맺을 때 당신의 영향력은 반드시 증폭된다. 그리고 증폭된 영향력은 당신에게 엄청난 보상을 안겨준다.

사람들과 교류하는 방법은 세일즈의 가장 핵심적인 부분 중 하나이다. 편안한 마음으로 상대방의 이야기에 열심히 귀 기울이며 그들의 삶에 진정으로 관심을 가져야 한다. 그렇게 하다보면 엄청난 보상이 저절로 찾아올 것이다.

5

당신의 손전등을
상대방에게 비춰라

100킬로그램짜리 전화기.

세일즈맨들이 자주 쓰는 표현 가운데 하나이다. 세일즈 업무상 전화기를 드는 일이 너무도 힘들게 느껴지기에 생겨난 표현이다. 세일즈맨들이 전화 영업을 그토록 부담스러워하는 데에는 여러 가지 이유가 있다. 하지만 일단 전화 걸기가 부담스럽다면 그것은 '자신을 지나치게 의식하고 있기' 때문이다.

세일즈 교본이나 연수 프로그램에서는 그런 불편한 느낌에서 벗어나기 위해 제품이나 서비스에 대한 열정에 몰입하라고 가르친다. 열정, 즉 'enthusiasm'의 마지막 네 철자, 'iasm'을 'I Am Sold Myself', 즉 '나는 나 자신까지도 판다'

조는 그때까지는 핀다가 단 한 번도 그의 숙제에 관해 물어본 적이 없었다는 사실을 떠올렸다. 그런데 이제 와서 왜 그걸 확인하려는 걸까?

조는 핀다를 흘깃 살펴보았다. 한 번 떠보려는 의도가 아닌 것 같았다. 정말로 알고 싶어서 묻고 있는 것이 분명했다.

로 풀이하고 그런 각오로 세일즈에 임하라는 것이다. 하지만 열정이 항상 바람직한 결과를 불러일으키는 것은 아니다. 사실 지나친 열정은 오히려 사람들을 질리게 만들 수 있다. 게다가 제품에 대한 열정을 앞세우는 것은 또다시 자신을 중심에 놓는 접근 방법이다.

인간의 의식은 몇 가지 심각한 한계가 있다. 인간의 무의식과 자율신경 체계는 수십억 개의 데이터를 한 번에 처리할 수 있고 수백만 가지의 생각을 동시에 떠올릴 수 있다. 하지만 의식은 30초 전에 들은 10자리 수의 전화번호를 외우기도 힘들어 한다. 무엇보다도 인간의 의식은 두 가지 생각을 동시에 하지 못한다.

그러한 인간 의식의 한계는 세일즈에 큰 영향을 미친다. 자신에 관한 생각에 몰입해 있는 한 상대방에 관해 생각할 수가 없는 것이다. 자신에 관한 생각을 멈추기 위한 가장 효과적인 방법은 상대방에 관해 생각하는 것이다. 그것이 전화기의 무게를 전혀 느끼지 않을 수 있는 비결이다. 상대방에 관해 진정으로 호기심을 갖게 되면 오히려 전화기가 가볍게 느껴진다.

인간은 호기심의 존재다. 이는 본성이다. 우리는 태어날 때부터 호기심을 보인다. 믿기지 않는다면 갓난아기를 15분만 지켜보라. 단, 호기심을 제대로 발동하기 위해서는 훈련이 필요하다.

우선 의식적으로 주변에 관심을 집중하는 연습을 계속해야 한다. 그것은 시간과 노력을 투자할 만한 가치가 있는 훈련이다. 다른 사람들에 대한 고도의 관심은 훌륭한 세일즈맨이 갖춰야 할 절대 조건 중 하나이기 때문이다.

다른 사람들에게 늘 관심을 갖는 법을 익히면 모든 사람들이 흥미롭게 느껴진다. 은행 대출계 직원, 커피숍 웨이트리스, 정원사, 심지어 저녁 시간을 방해하는 전화판매원까지도 모두 신기한 존재로 다가온다. 그렇게 상대방에 관해 알고 싶은 마음이 발동하면 당신은 어떤 사람과도, 어떤 상황 속에서도 대화를 시작할 수 있다. 콜드 마켓(당신과 안면이 없는 고객들을 상대할 때의 마케팅)에 관한 진실은 당신이 진심을 가지고 접촉할 때 따뜻해진다는 것이다.

두 번째 법칙이 지적하듯이 고도의 수입을 올리는 비결은 가능한 한 많은 사람들의 삶에 긍정적인 변화를 일으키는 것이다. 그러기 위해서는 당연히 많은 사람들과 접촉해야 하며 접촉하는 사람들 모두에 관해 진정한 호기심을 가져야 한다. 다시 한 번 강조하지만 여기서 그들을 당신의 잠재 고객으로 간주해서는 안 된다. 즉, 그들이 당신의 제품이나 서비스를 구입하기를 바라는 마음이 전제가 돼서는 안 되는 것이다. 오로지 그들의 삶에만 관심을 가져야 한다.

세일즈를 성사시키기 위한 목적으로 사람들과 접촉할 때 당신은 마음속에 미리 준비해둔 설문지에 따라 대화를 이어간다.

'저 사람이 어디 사는지 내가 물어봤던가? 저 사람이 자신의 인생에서 불만을 품고 있는 문제가 뭐지? 저 사람이 가장 중요하게 여기는 건 뭘까? 잠깐, 저 사람이 방금 뭐라고 했지? 아이고, 못 들었다!'

그와는 반대로 당신이 진정한 호기심을 가지고 다른 사람에게 다가갈 때는 설문지는 물론, 다른 기술을 구사할 필요가 극도로 줄어든다. 당신의 관심은 손전등과도 같다. 관심이 머무는 곳이 환하게 빛나기 때문이다.

당신이 다음과 같은 질문을 스스로에게 던지고 있다면 당신의 손전등은 당신 자신을 비추고 있는 것이다.

"내가 지금 제대로 하고 있는가? 이 사람이 내 물건을 구입할까? 여기서 더 진전이 될까? 다음에는 무슨 얘기를 해야 할까?"

반면 당신이 다음과 같은 질문을 스스로에게 던지고 있다면 당신의 손전등은 상대방을 집중적으로 비추게 되고 당신이 지닌 진정한 호기심과 공감이 상대방에게 전해질 것이다.

'이 사람은 어떤 사람일까? 이 사람이 가장 좋아하는 건 뭘까? 이 사람이 가장 행복할 때는 언제인가? 이 사람이 이 세상에서 가장 중요하게 여기는 건 무엇일까? 이 사람의 본심은 무엇일까?'

성공에 대한 갈망이든, 생계에 대한 걱정이든 당신 자신에 관한 문제들은 잠시 접어두고 다른 사람의 삶에만 관심을 집중하면 불안, 초조, 자격지심, 걱정 등 어떤 부정적인 감정도 자리 잡을 틈이 없어진다. 다른 사람들에 관한 호기심을 충족시키는 데도 시간이 부족하기 때문이다.

6

감정적으로 성숙해져라

세일즈에 성공하기 위해서는 내면의 감정을 함부로 드러내서는 안 된다. 언뜻 모순처럼 들릴 수도 있다. '아낌없이 주는 삶'의 네 번째 법칙, '진실성의 법칙'과 상충되는 것 같기 때문이다. 하지만 이 대목에서 거짓이나 가식은 없다. 우리는 감정을 부인하라고 권하는 것이 아니라 당신의 감정을 올바로 파악하고 당신의 행동이 감정에 좌우되지 않도록 주의하라고 충고하는 것이다. 다시 말해서 감정이 당신을 조절하게 놔두지 말고 당신이 감정을 조절해야 한다는 것이다.

다니엘 골먼Daniel Goleman의 표현대로 스스로 감정을 조절할 수 있는 '감정적 지성Emotional intelligence'은 훌륭한 세일즈맨이 되기 위해 반드시 갖춰야 할 조건이다. 우리는 그 조건을 한 단어로 요약할 수 있다. 바로 '성숙함'이다.

건물 입구에서 어떤 남자가 붐빈다고 투덜거리며 그들을 제치고 먼저 들어갔다. 핀다는 그의 어깨에 몸을 세게 부딪쳤다. 조는 놀랄 수밖에 없었다. 핀다가 그 남자를 향해 미소를 지어보였기 때문이다.

자신의 감정을 인식하고 존중하면서도 상대방의 감정에 초점을 맞출 수 있는 능력을 우리는 성숙함이라고 정의한다. 당신의 분노와 좌절 혹은 짜증을 '유도하는' 상황이나 사람들은 얼마든지 있을 수 있다. 위 문장에서 작은따옴표를 친 단어에 주목해보자. '만드는make'이 아니라 '유도하는lead'이다. 누구도 다른 사람을 화나게, 실망하게, 짜증나게 만들 수는 없다. 다른 사람들은 그저 자신들이 할 말을 하고 할 일을 하는 것뿐이다. 그에 따른 우리의 반응이나 대응은 전적으로 우리 자신에게 달려 있다.

반응과 대응에는 분명한 차이가 있다. 반응은 외부의 자극에 따라 당신의 행동과 감정을 드러내는 것이다. 반면 대응은 당신 스스로 행동과 감정을 선택하는 것이다. 두 개념의 차이를 분명히 인식하고 외부의 어떤 자극에도 적절하게 대응할 수 있는 자세를 갖추면 당신은 문제 중심의 삶이 아니라 해결책 중심의 삶을 살아갈 수 있다. 그런 성숙한 자세는 주위 사람들을 위해서도 아주 바람직하다. 당신이 감정적으로 성숙해지면 당신의 이야기도 성숙해지며, 상대방에게 긍정적인 영향을 줄 수 있기 때문이다.

반응이 아닌 대응의 자세를 갖추기란 결코 쉽지 않다. 따라서 많은 훈련이 필요하다. 가장 효과적인 훈련 방법은 여러 가지 곤란한 상황을 설정하고 각각의 상황에 적절하게 대응하는 자신의 모습을 상상하는 것이다. 한 걸음 더 나아가 상대방의 긍정적인 대응까지도 상상해보면 더욱 도움이 된다. 실제 임무에 착수하기 전에 시뮬레이션을 통해 비행 연습을 하는 우주비행사처럼 상상을 통해 훈련을 계속하면 실제로 그런 상황이 벌어졌을 때 원만히 대처할 수 있다.

전문성의 본질은 마음이 내키지 않을 때조차 자신의 임무를 완벽하게 해결하는 것이라는 말이 있다. 감정과 기분은 들고 나는 것이다. 상대방에게 관심이 생기지 않을 때도 있고, 다른 사람들을 위해 가치를 창조하고 싶지 않을 때도 있으며, 친절하게 대하고 싶은 마음조차 생기지 않을 때도 얼마든지 있을 수 있다. 모두 자연스러운 현상이다. 가끔 다리가 말을 듣지 않을 때가 있다. 하지만 그렇다고 다리가 달아난 건 아니다. 감정도 마찬가지이다. 잠시 마음을 벗어났을지라도 곧 되돌아온다.

전문 세일즈맨으로서 당신은 일단 취해야 할 행동을 취해야 한다. 하지만 내키지 않는 행동을 하는 건 가식적이지 않은가? 그렇지 않다. 진실에 위배된 행동을 하는 게 아니라 신념에 부합하는 행동을 하는 것이다.

행동은 종종 감정에 선행한다. 마음이 가지 않는데도 정성을 쏟으며 일한 뒤, 뒤늦게 마음이 생기는 경험을 당신 역시 여러 번 겪었을 것이다.

"때로는 바보가 된 것 같고 심지어 남들에게 그렇게 보이기도 하지만 그래도 해야 하는 일이지."

『기버1』에서 과제를 수행하는 조에게 거스가 건넨 충고 중 하나이다.

세인트루이스의 명망 있는 비즈니스 코치이자 컨설턴트인 딕시 길래스피는 우리에게 다음과 같은 이야기를 들려준다. 이는 감정적 성숙함을 통해 다른 사람들의 삶에 긍정적인 변화를 불러일으킨 모범 사례이다.

어리고 철없던 시절, 나는 '당신을 웃게 하기 위해 무엇이 필요할까?'라는 게임을 개발했다. 나는 만나는 사람들 모두에게 먼저 웃었고 때로는 그것만으로도 다른 사람들을 웃게 할 수 있었다. 약간의 대화가 필요할 때도 있었고 한 번의 만남으로는 부족할 때도 있다. 하지만 그 놀이를 통해 나는 누구나 다른 사람을 웃게 할 수 있다는 걸 깨달았다.

20대 초반에 나는 캔자스 주 로렌스의 어떤 회계 사무실에 취직했다. 몇 주 후 내 게임에 관해 알게 된 직장 동료들이 내가 결코 웃게 할 수 없는 고객이 있다고 했다. 그 고객은 한 달에 한 번, 자신의 자료를 찾으러 오지만 절대로 사무실에 들어오지 않는다고 했다. 사무실 밖에서 자신이 모는 밴을 빵빵거리면 직원 중 한 명이 그의 자료를 들고 나가 건네주었다. 농담을 하는 법도 없고 업무와 관계없는 일을 입에 올린 적도 없으며, 특히 단 한 번도 웃는 얼굴을 보이지 않은 사람이라고 했다.

그들의 얘기를 듣고 난 뒤 나는 그 고객이 올 때마다 자료를 직접 들고 사무실 밖에 나갔다. 하지만 문제의 고객인 B박사는 한 번도 웃지 않았다. 수의사인 B박사는 가끔 밴에 개들을 태우고 왔다. 나는 내가 동물을 얼마나 사랑하는지 알려주면 그가 마음을 열지도 모른다는 생각에 그의 개들을 집중 공략했다. 개들과 내가 애정을 교환하는 광경을 보자 과연 B박사의 얼굴 표정이 약간 누그러졌다. 하지만 그건 웃음과는 거리가 먼 표정이었다. 7월부터 11월까지 나는 게임을 계속했다. 그의 근엄한 표정에 연속적으로 패배를 맛보면서도 포기하지 않았다.

12월이 되었다. 회계 사무소에 있어서 12월은 정말 눈코 뜰 새 없이 바쁜 달이다. 월말 자료 정산과 연말 자료 정산 업무가 겹친 데다 곧 다가올 세금 보고 시즌까지 대비해야 하니 말이다. 그날 나는 서류함 위에 얹혀진 B박사의 자료를 들고 나가서 건네줘야 할 월례 행사도 잊은 채 정신없이 일하고 있었다. 어느 순간 무심결에 고개를 들어보니 B박사의 모습이 눈에 들어왔다. 그는 사무실 안으로 한 걸음쯤 들어와 있었다. 한 손으로는 지팡이를 짚고 다른 한 손에는…… 저게 뭐지? 크리스마스 포장지에 싸인 선물상자인가?

B박사는 절뚝거리며 내 책상으로 다가와 손에 쥔 상자를 내게 내밀었다. 그리고 내 지칠 줄 모르는 명랑함이 자신에게 얼마나 큰 영향을 주었는지 알아줬으면 좋겠다고 말했다. 특히 여름에 관절염이 극도로 심해진 나머지 걷는 모양새가 너무나 우스꽝스러워 남들 앞에서 걸음 엄두도 낼 수 없었을 때 내 익살이 큰 위안이 됐다고 했다. 그리고 즐거운 성탄을 기원한다고 말하며 '별것 아니라는' 초콜릿 상자를 내 손에 쥐어주었다. 그리고…… 그리고…… 그는 웃었다.

PART 3

A Little Story About A Powerful Business Idea

영향력의
법칙

1

진정한 영향력은 평판에서 시작된다

당신이 만나는 사람들에게서 일어나는 변화는 대개 현장에서 바로 확인할 수 있다. 하지만 세일즈맨으로서 당신의 성공은 당신이 알지 못하는 사람들이 당신을 통해 일으키는 긍정적인 변화에 달려 있다.

한 번도 만나지 않은 사람들을 위해 긍정적인 변화를 일으켜 가치를 창조하는 것이 과연 가능한 일인가? 가능하다면 어떤 과정을 통해서인가?

물론 가능한 일이고 변화를 일으키는 수단은 당신의 영향력이다. 영향력의 범위가 넓을수록 당신을 통해 변화를 일으키는 사람들의 숫자는 많아진다. 또 영향력의 수준이 높을수록 그들의 변화는 더 높은 수준의 가치를 창조한다.

세 번째 법칙을 통해 두 번째 법칙은 더욱 효과적으로 위력을 발휘한다. 구체적으로 말하자면 '영향력의 법칙'의 핵심은 영향력의 범위를 넓히고 수준을 향상시켜 '보상의 법칙'의 효과를 극대화하는 것이다.

영향력이란 자신이 원하는 대로 상대방을 움직이는 능력이라고 생각하는 사람이 많다. 하지만 진정한 영향력은 다른 사람이 원하는 가치를 얻을 수 있도록 헌신적으로 베푸는 사람만이 발휘할 수 있는 능력이다. 간단히 말해 영향력의 전제조건은 '평판'이다.

세일즈맨은 훌륭한 평판을 쌓고 유지하기 위해 노력해야 한다. 은행 잔고, 회사에서의 지위나 직급, 기타 사업 자원 등은 쉽게 잃을 수도, 또한 쉽게 되찾을 수도 있다. 하지만 평판은 화재로 소실된 건물처럼 한 번 잃으면 다시 찾기가 아주 힘들거나 불가능하다.

아르키메데스가 지렛대의 원리를 발견했을 때 이렇게 외쳤다.

"내게 버티고 설 자리를 마련해다오. 그러면 지구를 옮길 수도 있다."

세일즈맨인 당신이 버티고 설 자리, 그것이 바로 평판이다.

"사람들을 매력 있게 보이도록 만드는 게 뭔지 생각해 본 적이 있는가? 자석처럼 끌어당기는 힘 같은 거 말이지. 그런 사람들은 베풀기를 좋아해. 그래서 매력적인 거야. 베푸는 사람들은 매력이 있어."

_핀다

스티븐 코비Stephen R. Covey는 『성공하는 사람들의 8번째 습관』에서 간디Mahatma Gandhi를 통해 '직책이나 지위에 의한 영향력(구조적 권위 –옮긴이)'과 '진정한 영향력(윤리적 권위 –옮긴이)'의 차이를 적절하게 구분하고 있다. 간디는 어떤 공식적 지위도 차지한 적이 없지만 진정한 영향력을 지녔기에 오늘날 인류의 스승으로 추앙받게 됐다는 것이다. 조지 워싱턴 George Washington 역시 그의 엄청난 윤리적 권위 때문에 초대 대통령으로서 신생 독립국을 이끌어나갈 지위를 부여받았다. 대통령이 됐기에 영향력을 발휘한 것이 아니라 그의 영향력이 그를 대통령의 지위로 이끈 것이다.

구조적 권위와 윤리적 권위의 차이는 밀기와 당기기의 차이와도 같다. 평범한 창문용 환풍기를 통해 한 줄기 바람을 방안에 불어넣는 상황을 생각해보자. 얼마나 깊숙이 '밀어' 넣을수 있을까? 물론 채 1미터도 못 가 바람은 흐트러질 것이다.

113

반면 환풍기의 방향을 반대로 돌리면 한 줄기 바람을 방 밖으로 수십 미터까지도 불어 '당길' 수 있다.

밧줄의 경우도 마찬가지이다. 당신은 밧줄을 허공으로 얼마나 길게 밀어낼 수 있는가? 반면 얼마나 길게 당길 수 있는가? 세일즈에 있어서 '당기기'란 상대방이 원하는 걸 찾는 것이다. 반면에 '밀기'란 상대방에게서 당신이 원하는 걸 찾는 것이다.

제품을 소개하고 싶어서 대화를 시작했다고 가정해보자. 당신은 환상적이고 초특급이며 동종 제품 가운데 최고인 당신의 맥거핀에 관해 설명을 늘어놓으며 설명 사이사이에 가족들의 안부와 날씨를 화제에 올려 제법 대화의 모양새를 갖추었다. 하지만 이것은 명백한 '밀기'이다. 바람이나 밧줄의 경우와 마찬가지로 '밀기'로는 사람들을 움직일 수 없다.

반대로 상대방의 삶에 진정한 관심을 가지고 그들에게 가치를 전할 수 있는 방법을 찾으려고 노력할 때 당신은 사람들을 먼 거리에서도 당길 수 있다. 밀기에 의한 영향력은 멀리 퍼지지 못한다. 하지만 당기기에 의한 영향력은 끝이 없다. 여기서 네트워킹networking의 필요성이 대두된다.

네트워킹이 실질적으로는 '주고받기'에 불과한 경우가 많다. 다시 말해서 부탁이 화폐 단위가 되어 주고받기가 반복되는 회계 장부상의 인간관계에 지나지 않을 때가 굉장히 많다는 얘기이다. 물론 동족상잔의 분위기보다는 상부상조하는 분위기가 사업을 하는 입장에서는 훨씬 더 유리한 것이 사실이다. 하지만 그것은 여전히 산수적인 장부 기입법, 즉 당구공 논리의 한 가지 변형일 뿐이다. 그런 논리가 지배하는 관계 속에서는 다음과 같은 질문이 항상 중심을 차지하고 있다.

"최근에 저 사람이 내게 뭘 해줬지?"

그와는 반대로 영향력의 법칙은 관계의 중심에 항상 다음과 같은 질문을 자리 잡게 만든다.

"최근에 내가 저 사람에게 뭘 해줬지?"

비 샐러비는 베푸는 일에 최선을 다하는 사람이다. 그것이 그녀의 천성이다. '사람을 위한 둥지' 이사회의 임원이며, 여덟 아이가 있는 가정을 오랫동안 후원해온 그녀는 자신의 능력이 닿는 한 모든 사람을 도우려는 인물이다. 어느 해 여름에는 불우 청소년 1500명을 극장에 데려간 적도 있다. 팝콘을 곁들인 것은 물론이다.

어느 날 그녀와 같은 교회에 다니는 어떤 부부가 집을 차압당할 위기에 처해 있는 동네 여성의 사연을 비에게 전하며 그 집을 구매할 생각을 비쳤다. 차압을 피하기 위해 명의를 바꾸되 그 여성을 계속 그 집에서 살게 하겠다는 것이었다. 그녀에게 집을 되살 수 있는 여유가 생기면 언제라도 그녀가 원하는 대로 할 것이라고도 했다. 하지만 모기지mortgage가 부담이 됐기에 당시 모기지 회사를 운영하고 있던 비에게 상담을 청한 것이었다. 상담의 결과는 놀라웠다. 모기지 설정 비용 무료! 거래 수수료 0센트!

감동한 부부는 비에 관해 주위에 알리기 시작했다. 이내 주택 매매 의뢰가 밀려들었고 그중 거래가 완전히 성사된 것만 스물네 건이었다.

훌륭한 세일즈맨은 다른 사람들의 이익을 우선적으로 배려하고 그들의 필요를 충족시키기 위해 노력하기 때문에 탄탄한 네트워크를 구축한다. 그들은 받기보다 주기에 열심인 사람들이다. 그들은 다른 사람들의 삶의 질을 향상시킬 수 있는 방법을 끊임없이 모색하고 추구한다. 바로 그런 마음가짐과 노력을 통해서 그들이 엄청난 영향력을 지니게 되는 것이다.

2

고객이 당신을 찾아온다

"모든 조건이 균등하게 주어질 때 사람들은 그들이 알고, 좋아하고, 신뢰하는 사람들과 거래를 한다."

『기버1』에서 '네트워킹의 절대 법칙'에 대한 샘과 핀다의 설명이다.

바람직한 고객들은 어디서 다가오는가? 그들은 우리의 영향력이 지닌 인력, 즉 그들의 마음속에 알고, 좋아하고, 신뢰할 수 있는 느낌을 심어주는 우리의 능력에 이끌려 다가온다.

오늘날 우리는 인터넷이 없었다면 절대로 몰랐을 수많은 사람들과 돈 한 푼 안 들이고 접촉할 수 있다. 정말이지 놀라운 일이다. 하지만 더욱 놀라운 일은 인터넷 시대 이전에도 그

샘이 조를 똑바로 쳐다보며 물었다. "내가 '네트워크'라고 할 때 그것이 무엇을 의미하는지 알고 있나?" 사실 조는 네트워킹에 관해 모든 걸 알고 있다는 생각을 하고 있었지만 느닷없는 그 질문에 놀라 자신도 모르게 일단 고개를 저어보였다. "아니오, 모릅니다…… 아니, 압니다." 그리고 잠시 말을 끊었다가 다시 어눌하게 덧붙였다. "하지만 잘 모르는 것 같습니다."

런 상황이 얼마든지 가능했다는 사실이다. 컴퓨터 없이도 우리는 각자 영향력의 주체가 될 수 있다. 그리고 그 영향력이 미치는 범위에는 한계가 없다.

가장 위대한 세일즈맨으로 기네스북에 올라 있는 자동차 세일즈계의 전설, 조 지라드Joe Girard는 '250의 법칙'을 주장한 것으로도 유명하다. 그 법칙에 따르면 보통 사람들의 결혼식장과 장례식장에 참석하는 하객과 조객들은 평균 250명가량이라고 한다. 따라서 한 사람의 고객을 소홀히 다뤘을 때 한 건의 거래만 실패하는 것이 아니라 잠재적인 250건의 거래가 모두 수포로 돌아간다는 것이 '250의 법칙'의 핵심 논리이다.

한 사람이 영향을 미칠 수 있는 250명은 다시 각각의 다른 250명에게 영향을 미치는 주체가 되고 그 수는 어마어마하게 불어난다.

당신이 새로운 사람을 만나서 그 사람이 당신을 알고, 좋아하고, 신뢰할 수 있을 정도로 유대를 맺게 되면 당신은 자신의 영향력의 범위를 단지 한 사람에게만 넓히는 것이 아니라 잠재적인 250명, 아니 그 몇십, 몇백 배의 사람들에게까지 확산시키는 것이다. 그리고 당신이 자신의 영향력 범위의 중심인 것처럼 각 사람들도 자신의 영향력 범위의 중심에 있다.

그렇다면 최소한 몇 천을 헤아릴 그 사람들은 누구인가? 그들 대부분은 당신이 지금까지 만나본 적도 없고 얘기를 들어본 적도 없는 사람들이다. 하지만 그들은 당신의 영향력을 통해서 당신에 관해 알고 있을 수 있다.

"지식보다는 인맥이다."

우리 귀에 익숙한 격언이다. 하지만 이 격언을 가능한 한 많은 사람과 알고 지내라는 의미로 해석한다면 잘못이다. 당신이 알고 있는 인맥이 중요한 것이 아니라 실제로 당신과 안면이 없어도 당신에 관해 알고 있는 인맥이 중요한 것이다.

레저 차량용 연결 장치를 제조·판매하는 회사를 운영하는 숀 우드러프가 우리에게 들려준 어떤 고객의 이야기는 '당신에 관해 알고 있는' 인맥의 중요성을 입증해주는 훌륭한 사례이다.

한 고객이 숀의 제품을 사간 다음 날 숀에게 도움을 요청하는 전화를 열여덟 번이나 걸었다. 그는 완벽한 기계치였다. 마침내 성공적으로 제품을 자신의 트레일러에 장착한 뒤, 그는 숀에게 열아홉 번째 전화를 걸었다. 그의 인내심에 감사하는 내용이었다.

"그날 그가 전화해서는 감사 인사를 전하면서 우리 제품이 너무나 마음에 든다고 말했습니다. 그는 지난 일주일 동안 자신의 차를 몰고 여기저기를 다니면서 만나는 사람들 모두에게 제가 얼마나 끈기 있게 그를 도와줬는지 얘기하며 작별 인사와 함께 전화를 끊었습니다. 두 시간 정도 지난 뒤, 제품 구입을 원하는 새로운 고객으로부터 전화가 걸려왔습니다. 우리의 경쟁사 제품을 마음에 두고 있었지만 '기계치' 고객의 얘기를 듣고 난 뒤 마음을 바꿨다는 것이었습니다. 그 사람과 우연히 만나 우리 회사를 소개받았으니 운이 좋았다고 말하더군요. 정말 운이 좋은 건 저 아닙니까?"

자, 그렇다면 당신의 바람직한 고객들은 어디에서 오는가? 일반적인 세일즈 교본과 연수 프로그램은 그들이 두 곳에서 온다고 주장한다. 사람들이 당신을 알고 있는 '웜 마켓warm market'과 사람들이 당신을 모르는 '콜드 마켓cold market'이다. 하지만 고객들 대부분은 그 두 곳이 아니라 그 중간 어딘가에서 올 확률이 높다. 그곳은 따뜻하지도 차갑지도 않은 지역이기에 우리는 그곳을 '미지근한 마켓 fuzzy market'이라고 부른다.

미지근한 마켓에는 당신이 제대로 알고 있지 않은 모든 사람들이 포함된다. 그들은 친구라고 할 수도 없고 그렇다고 전혀 낯설다고 말할 수도 없다. 당신이 거래하는 은행의 직원, 아이들 친구들의 엄마, 같은 강의를 들은 적 있는 대학 동창 등 이름은 가물가물해도 얼굴은 알아볼 수 있는 사람들이다. 그리고 그중에는 당신이 아는 사람들을 아는 사람들, 이를테면 친구의 친구의 친구 같은 사람들도 포함된다.

미지근한 마켓 이론을 뒷받침해주는 한 가지 흥미로운 통계 자료가 있다. 1970년도에 하버드대 출신의 사회학자 마크 그라노베터 Mark Granovetter는 매사추세츠 뉴턴에 거주하는 수백 명의 전문직 종사자들을 대상으로 현재의 직업을 갖게 된 경위를 조사했다. 응답자들의 과반수가 '인맥을 통해서'라고 대답했다. 놀라운 사실이다. 하지만 다음 사실에 비하면 놀랄 일도 아니다. 과반수 가운데 고작 16퍼센트만이 소개해준 인맥을 자주 만난다고 응답했고, 55퍼센트는 아주 가끔 만날 뿐이라고 응답했다. 즉, 친한 친구를 통해서 일자리를 찾은 사람보다 잘 모르는 사람을 통해 일자리를 찾은 사람의 숫자가 세 배가 넘는다는 놀라운 결론이었다.

그라노베터 박사의 분석에 따르면 잘 알고 지내는 사람들을 통해 새로운 기회를 찾기는 어렵다. 친한 친구들은 대개 같은 분야에 몸담고 있기 때문이다. 오히려 당신이 잘 모르는 사람들이 새로운 정보나 기회를 제공해주는 경우가 훨씬 많다. 그라노베터 박사의 표현대로 '취약한 유대' 관계에 있는 사람들이 전혀 낯선 사람들이나 절친한 친구들보다 우리에게 더 큰 영향력을 미치고 있는 것이다. 당신에게 최고의 수익을 안겨줄 고객들이 어디에서 나타날지 당신은 예상할 수 없다. 한 가지 확실한 게 있다면 당신이 예상하지 못한 곳에서 나타날 가능성이 높다는 것이다.

『기버1』의 첫 장에서 조는 이전에는 존재도 몰랐던 경쟁자에 관해 알게 된다. 그 경쟁자는 훼방꾼인양 갑자기 등장해 고객을 뺏어갔다. 하지만 책의 마지막 장에서 두 사람은 친구가 되고 동업자가 된다.

동화 속 이야기처럼 들리는가? 그렇지 않다. 그런 일은 늘 일어난다. 어느 독자가 편지에 적어 보낸 자신의 절친한 벗 데이브에 관한 이야기를 읽고 나면 당신도 수긍할 수 있을 것이다.

데이브는 뉴저지에서 그의 가족이 운영하는 주조 공장에서 일했다. 그러던 어느 해 온 가족이 휴가를 떠난 사이 공장에 불이 나서 모든 게 잿더미로 변해버렸다. 야간 경비원이 등유 램프를 켜둔 채로 자리를 비웠다가 화재가 발생한 것이다. 원인이야 어쨌든 데이브의 가족은 큰 곤경에 처했다.

공장을 다시 세우느라 고된 일과가 계속되던 어느 날, 데이브는 다른 주조공장 몇 군데에 전화를 걸었다. 고객들의 주문을 하청을 통해 해결하기 위해 용기를 내어 '경쟁자들'에게 도움을 청한 것이다. 그의 시도는 성공했다. 크리스라는 어느 주조회사 사장으로부터 도움을 받을 수 있게 되었다. 고맙게도 크리스는 하청을 맡는 것뿐만 아니라 데이브 고객들의 주문을 먼저 처리해주겠다는 약속까지 했다. 크리스는 특별한 대가를 바라지 않았다. 그저 데이브의 가족을 위기해서 구해주고 싶었을 뿐이라고 했다. 크리스의 도움 덕분에 데이브네 주조 공장은 모든 라인이 정지된 상황에서도 비즈니스를 이어갈 수 있었다.

몇 년이 흐른 후 어느 날 크리스가 데이브에게 전화를 했다. 그가 실직했다는 것이었다. 두 사람은 이미 절친한 사이가 되었기에 신상의 변화를 알린 것뿐 크리스가 데이브에게 특별한 도움을 기대한 것은 아니었다. 하지만 데이브는 크리스와 그의 가족을 자기 회사의 의료보험 수혜자 명단에 올리고 그들이 부담해야 할 몫을 기꺼이 떠맡았다. 어느 정도 시간이 흐른 후, 크리스는 데이브에게 연락했다. 이번에는 기쁜 소식이었다.

"데이브, 새 직장을 찾았네. 나에게 사장 자리를 맡겨주더군. 자네에게 처음 알려주는 거야. 우리 둘이 함께할 수 있는 일이 꽤 있을 것 같네, 친구!"

이후 크리스는 데이브의 공장에서 할 수 있는 일은 죄다 몰아주었다. 그 주문만으로도 대박이었다.

성공은 종종 당신이 예기치 못한 곳에서 찾아온다.

당신에게 성공을 안겨줄 최고의 고객들을 어떻게 찾아낼 것인가? 당신은 그들을 찾아내지 못한다. 그들이 당신을 찾아올 것이다.

정확히 언제? 그리고 어디에서? 그것은 대답하기 힘든 질문이다. 하지만 정확히 '어떻게'에 대한 대답은 분명하다.

당신의 영향력을 통해!

3

사람들은 당신의 비즈니스에 관심이 없다

세일즈맨들이 가장 힘들어하는 것이 방문 세일즈이다. 물건을 옆구리에 끼고 낯선 사람의 현관문을 두드린다거나 모르는 사람에게 불쑥 전화를 거는 것은 호감을 얻기엔 좋은 방법이 아니다. 낯선 이의 예고 없는 방문을 달가워할 사람은 없으며 세일즈맨들도 그 사실을 너무나 잘 알고 있다. 그래서 그들은 방문 세일즈를 힘들어하는 것이다.

하지만 훌륭한 세일즈맨이 되기 위해서는 부담감을 털어버릴 수 있는 방법을 익혀야 한다. 여기서 '세일즈 피치pitch(권유, 홍보)'의 중요성이 부각된다.

"나는 이번 거래에 핀다 회장의 도움을 청하려 한 적이 없습니다. 칼 켈러맨 앞에서 그분의 이름을 언급한 적조차 없었어요. 그랬다면 쉽게 거래를 성사시킬 수 있었을 겁니다. 하지만 다시 이런 기회가 와도 나는 핀다 회장에게 손을 벌리지 않을 겁니다."

_조

잠시 후 우리는 당신에게 큰 자산이 될 수 있는 세일즈 비결을 한 가지 알려줄 것이다. 그것은 당신이 세일즈 업계에 몸담고 있는 한 영원히 활용할 수 있는 '완벽한 피치'에 관한 비결이다. 금상첨화로 그 비결은 단 한 마디에 담겨 있으니 기억하기도 편하다. 이제 그 비결을 밝히기 전에 이해를 돕기 위한 상황을 구성해보기로 하자.

로터리 클럽이나 사교파티, 전문직 여성들의 정례 모임, 바자회 혹은 사친회 등 구성원들이 당신의 고객이 될 수 있는 모임에 참석했다고 가정해보자.

"잠깐, 사친회라고? 교사와 학부모들 모임? 거기서 세일즈맨은 불청객 아닌가?"

그렇다. 당신이 독신자클럽에서 데이트 상대를 고르듯 그 모임에서 고객을 찾아 돌아다닌다면 반드시 그렇다. 따라서 사람들에게 '수작을 걸' 심산이 아니라 새로운 친구를 사귄다는 마음으로 참석해야 불청객 신세를 면할 수 있다. 간단히 말해서 참석 동기는 정말 순수해야 한다. '친구가 되고 나서 기회를 틈타 그들을 잠재 고객으로 만들려는' 마음조차 버려야 한다. 오로지 새로운 친구를 만나기 위해서여야 한다. 왜? 친구를 사귀기 위해서!

이런 모임에서 누군가를 만났고 대화를 시작했다고 가정하자. 당신과 상대방 사이에 라포르가 형성되기 시작하는 것을 당신이 느꼈다면 이제 어떻게 해야 할까?

이런 경우 세일즈 교본이나 연수 프로그램에서는 상대방에게 당신이 무슨 일을 하는지 직접적으로 밝힐 기회를 초기에 잡아야 한다며 '우회적인 질문'을 통해 기회를 만드는 것이 최선이라고 가르친다. 즉, 당신이 하는 일을 상대방이 묻도록 상대방의 직업을 먼저 물어보는 것이다. 상대방의 입에서 내가 원하는 질문이 떨어지면 다음과 같이 시작해서 꼼꼼하게 준비해둔 원고대로 단숨에 설명을 완료하라고 한다.

"네, 저는 건강 관리와 관련된 일을 하고 있습니다⋯⋯."

하지만 잠깐만, 좀 더 생각을 해보자. 우리의 목적은 상대방을 위해 가치를 창조하는 것이다. 그렇지 않은가? 피치, 즉 '거래를 유도하는 재빠르고 적극적인 설명'은 상대방을 위해 하는 일이 아니다. 그것은 상대방에게 하는 일이다. 야구 경기를 떠올려보자. 투수가 공을 던지는pitch 목적이 무엇인가? 상대방을 삼진 아웃시키기 위한 것이 아닌가? 피치를 하는 마운드 위에서 상대방을 위한 가치 창조는 애초에 고려 대상이 아니다.

그런 모임에서 피치를 하면 사람들의 빈축을 살 뿐이다. 상대방이 그나마 예의를 지키며 때를 틈타 자리를 피해버리면 최선의 상황이고, 최악의 경우 가뜩이나 세상 사람들의 눈 밖에 난 '때와 장소를 가리지 않는 무분별한 세일즈맨들의 행태'에 좋은 사례를 하나 더 첨가하는 꼴이 된다.

"알았으니 그건 됐고, 그렇다면 불청객이나 모사꾼으로 비치지 않으면서도 화제를 자연스럽게 내 맥거핀으로 옮길 수 있는 방법은 무엇인가?"

미안하지만 그런 방법은 없다. 대신 모임에서 새로운 사람을 만났을 때 당신이 반드시 기억해야 할 충고는 있다.

"그들은 당신의 비즈니스에 관심이 없다."

물론 당신은 당신의 제품이나 서비스에 관한 자부심으로 들떠 있을 수 있다. 그리고 제품이나 서비스에 관해 설명할 기회만 주어진다면 당신의 맥거핀이 그들에게 절대적으로 필요한 것이며 삶의 질을 향상시키고 나아가 삶 자체를 바꿀 수도 있는 엄청난 가치를 지녔다는 사실을 납득시킬 수 있다고 자신할 수도 있다.

하지만 이건 당신에 관한 문제가 아니지 않은가.

자, 이제 한 단어로 농축된 '완벽한 세일즈 피치'의 비결을 밝힐 때가 된 것 같다.

"하지 마!"

완벽한 세일즈 피치의 비결은 당신의 맥거핀에 관해 아예 언급하지 않는 것이다.

전문 강사로 활동하던 초창기에 밥이 어떤 거물급 인사와 친분을 쌓기를 간절히 바랐던 적이 있다. 하지만 아무리 노력해도 그 문으로 발을 들여놓을 수가 없었다.

"들어가기만 하면 대박인데 발을 들여놓을 방법을 찾기는 커녕 문이 어딘지조차 알 수 없어."

그러던 어느 날, 전문 강사들의 컨퍼런스에서 밥은 가족과 함께 참석한 그렉이라는 이름의 강사를 만났다. 그 자리에서 두 사람은 친구가 되었고 이후 만남을 거듭하면서 우정을 쌓았다. 밥은 그렉의 삶에 가치를 더해줄 방법을 모색하기 시작했다.

"어느 날 고객 중 한 명이 상담예약을 문의해왔습니다. 그가 요구한 날짜에 이미 약속이 잡혀 있어 그렉을 소개해주었죠. 이후 똑같은 상황이 두 차례 더 일어났습니다. 언젠가는 저에 관한 기사를 취재했던 어느 잡지사의 편집장과 얘기를 나누다 그렉을 필진에 합류시킬 것을 추천한 적도 있었어요. 몇 년이 지나 나는 그렉으로부터 한 가지 엄청난 사실을 알게 되었습니다. 예전에 제가 간절히 원했던 거물급 인사가 바로 그렉의 고객이었던 것이죠. 그 자리에서 내 마음을 털어놓고 그렉의 도움을 요청할 수도 있었지만 그건 올바른 행동이 아닌 것 같았습니다. 내가 그를 몇 번 도왔다고 해서 그에게 빚을 요구하는 것 같은 상황을 만들 수는 없었죠. 그래서 나는 그에게 도움을 요청하지 않았습니다. 다만 그에게 충고를 청하기는 했습니다. '자네가 알고 있는 사람 중에 나하고 여러 면에서 잘 맞을 만한 사람이 있을까?' 대충 이런 식으로 얘기한 것 같아요. 절대로 사심은 없었습니다. '마침 그럴 만한 고객이 있는데 내가 그 사람한테 자네에게 연락하라고 할게.' 그렉은 이렇게 말했습니다. 그리고 바로 다음 날, 전화벨이 울렸어요. 바로 그 거물이었죠."

밥은 그렉에게 어떤 '세일즈 피치'도 구사하지 않았다. 하지만 그 거물은 밥의 고객이 되었다. 그 거물과의 거래를 통한 밥의 세일즈 실적은 수백만 달러에 달했다.

많은 세일즈맨이 소위 '1미터 법칙'에 관해 교육받는다. 그 법칙에 따르면 누구든 1미터 거리 안에 들어온 사람에게는 제품에 관한 정보를 흘려야 한다.

하지만 상대방이 당신의 맥거핀에 관해 듣고 싶어 하지 않는다면? 그 사람에게는 선택의 여지가 없는 걸까?

어떤 만남에서든 당신이 가장 우선시해야 할 일은 상대방의 삶의 가치를 향상시키는 것, 즉 그들의 삶을 풍요롭게 만드는 것이다. 그것이 불가능하다면 최소한 그들 삶의 가치를 감소시키지는 말아야 한다. 다시 말해서 그들을 귀찮게, 에너지를 허비하게, 위축감을 느끼게, 강요 당하는 기분이 들게, 술수의 대상이 되게 만들어서는 안 되는 것이다.

모름지기 훌륭한 세일즈맨이라면 히포크라테스 선서를 하는 의사와 같은 마음으로 살아야 한다. 우선 남에게 해를 입혀서는 안 된다. 그것은 마치 미래를 생각하는 농법과도 같다.

당신이 처음 경작했을 때보다 더 나은 상태로 토질을 보존하라. 우리의 후손 역시 그 땅을 일궈야 하기 때문이다.

성숙한 세일즈맨이 되기 위해서는 모든 사람들이 잠재 고객은 아니라는 사실을 명심해야 한다. 물리적으로나 공통의 관심사 부분에서 그들과의 거리가 아무리 가까워도 만나는 사람 모두가 당신의 고객이 될 수는 없다. 당신의 맥거핀이 전

혀 필요 없는 사람도 있고 심지어 그에 관한 설명을 듣는 것조
차 부담스러워하는 사람도 있다.

훌륭한 세일즈맨은 대화의 중심을 상대방에게로 옮기려
는 노력을 통해 '1미터 법칙'을 전혀 다른 각도에서 해석한다.
'아낌없이 주는 세일즈맨의 1미터 법칙'은 다음과 같은 취지
에서 크게 벗어나지 않을 것이다.

"1미터 거리 안에 들어온 사람이라면 당신이 더 깊이 알아
야 할 필요가 있는 사람이다."

이 메시지를 가슴 깊이 새긴다면 어떤 모임에 참석하든 가
능한 한 많은 사람과 접촉하려고 급급해하지 않을 것이다. 당
신의 목적은 모임을 즐기며 새로운 친구를 사귀는 것이다. 새
로운 친구를 한 사람만 만들어도 당신은 충분히 가치 있는 시
간을 보낸 것이다. 다시 한 번 강조하지만 세일즈 피치를 발휘
할 생각은 절대 금물이다.

"하지만 난 세일즈맨인데 그것마저 하지 말라면 뭘 해야 한
단 말이지?"

아주 좋은 질문이다. 당신은 마땅히 그런 질문을 해야 한다.
좋은 질문을 하는 것, 그것이 바로 우리가 다음 장에서 살펴볼
내용이다.

4

기분 좋은 질문을 하라

전통적인 세일즈의 중심은 프레젠테이션이다. 하지만 '아낌없이 주는' 세일즈의 중심은 친교이다. 프레젠테이션에서는 말하기가 중심이 되지만 친교에서는 듣기가 중심이 된다. 그리고 생산적인 듣기를 위해서는 좋은 질문이 전제되어야 한다. 세일즈의 성공을 위해서는 훌륭한 프레젠테이션보다 좋은 질문이 더 큰 도움이 된다.

이제 몇 가지 좋은 질문들에 관해 살펴보자.

"어떻게 ○○ 사업을 시작하셨습니까?"

사람들은 이 질문을 받는 걸 무척 좋아한다. 우리는 이 질문을 '금주의 영화' 질문이라고 표현하기도 한다. 상대방이 자기 삶에 관해 이야기하도록 유도하기 때문이다. 사람들은 자신의 이야기를 털어놓을 수 있는 기회를 자주 갖지 못한다. 다들 그런 질문을 할 만큼 다른 사람들의 삶에 관심을 두지 않기 때문이다. 하지만 다른 사람의 가치를 창조하기 위해서는 상대방이 어떻게 살아왔는지 알아야 하고, 그러기 위해서는 위와 같은 질문을 던져야 한다.

또 다른 질문을 보자.

"현재 하고 있는 일의 어떤 부분이 가장 만족스러우십니까?"

이 질문을 하는 것은 세일즈 교본과 연수 프로그램의 가르침에 정면으로 위배된다. 거기서는 당신과 맥거핀의 필요성을 강조하면서 잠재 고객이 불편해하거나 불만을 품은 측면을 집중적으로 공략하라고 가르치기 때문이다. 따라서 그 가르침에 충실하자면 "현재 하고 있는 일의 어떤 부분이 가장 불만이십니까?"라고 물어야 한다.

불만과 부족함이 표출되어야 필요가 대두된다는 발상이다. 하지만 우리는 필요를 창출하려는 것이 아니다. 우리가 창출

"사람들의 좋은 면을 보기 위해 노력해보게. 그들에게서 엄청난 재능과 신실함, 그리고 공감과 선의를 발견하고 자네는 깜짝 놀랄 걸세."

_핀다

하려는 것은 가치가 아니던가. '만족스러운 부분'에 관해 질문을 받으면 상대방은 자신의 직업에 자부심과 감사를 느낀다. 그것만으로도 이 세상의 가치는 늘어난다. 상대방이 질문과 질문을 한 사람을 기분 좋은 기억으로 간직하므로 이 질문은 더욱 권할 만하다. 그래서 밥은 그런 질문들을 '기분 좋은 질문'이라고 규정한다.

다음과 같은 질문들 역시 '기분 좋은 질문들'이다.

"당신의 회사나 비즈니스에 관해 특별하다고 자부하는 점은 무엇입니까?"

"새롭게 ○○ 비즈니스를 시작하려는 사람들에게 해주고 싶은 충고는 무엇입니까?"

"비즈니스를 해오면서 일어났던 특별한 일이나 재미있는 경험에 관해 말씀해주시겠습니까?"

"현재 종사하고 있는 분야에서 지난 10년 동안 어떤 중요한 변화가 일어났습니까?"

"앞으로 ○○ 분야의 트렌드가 어떻게 변할 거라고 생각하시는지
요?"

이제 누군가 당신에게 이 질문들을 차례로 한다고 상상해
보자. 대답을 떠올리면서 당신의 기분이 어떻게 바뀔지 생각
해보라. 좋은 질문이 상대방에게 어떤 가치를 더해주는지 생
생하게 느낄 수 있을 것이다.

좋은 질문은 상대방에게 자신의 전문적인 견해를 피력할
기회를 제공한다. 또한 상대방에게 자신의 장점을 떳떳하게
드러낼 수 있게 하고 자기 일의 긍정적인 측면을 음미할 기회
를 준다. 결국 좋은 질문을 하는 것은 상대방의 삶의 바람직한
부분을 집중적으로 조명하는 손전등을 켜는 것이다. 이 같은
질문들에는 어떤 은밀한 의도나 술수도 내포되어 있지 않다.
또한 언어상의 특별한 기교도 없다. 본질적으로 이런 질문들
은 상대방의 삶에 관한 당신의 진정한 호기심에서 비롯한다.

다만 위의 질문들을 한꺼번에 던지는 것은 바람직하지 않
다. 두세 번의 만남을 통해 차근차근 묻는 것이 훨씬 효과적이
다. 그러한 과정을 통해 당신과 상대방 사이에 라포르가 탄탄
하게 형성됐다고 느끼는 시점이 되면 당신은, 밥의 표현에 따

르면, '결정적인 질문'을 던질 수 있다.

"잭, 내가 만나는 사람 중에 당신의 좋은 잠재 고객이 될 만한 사람을 어떻게 구별할 수 있을까요?"

이때 상대방의 직업이나 상황에 따라 '좋은 잠재 고객' 대신 '좋은 고객', '훌륭한 거래처', '바람직한 인맥' 혹은 단순히 '당신이 만나고 싶어 할 만한 사람' 등의 어구를 사용할 수도 있다.

이 질문에 대한 상대방의 답변을 통해 당신은 최소한 사업상 그에 관한 모든 것을 알 수 있다. 결국 상대방은 당신에게 자신을 개방하게 되는 것이다. 또한 상대방이 자신의 삶의 가치를 향상시키려는 당신의 진심을 깨달을 수도 있기에 '결정적인'이라는 수식어가 무색하지 않은 질문이다.

이 질문에는 당신과 당신의 비즈니스에 관해 질문을 던지도록 유도하려는 '음모'가 깃들어 있지 않다. 열면 바로 허공인 문짝도 없고 바닥으로 꺼지는 양탄자도 없으며 시야를 흐리는 안개나 은밀히 지켜보기 위한 반투명 유리창도 없다. 그 질문은 결코 세일즈 성사를 위한 일종의 '테크닉'이 아니다. 보이는 그대로, 느껴지는 그대로 진정한 대화의 한 부분인 것이다.

언젠가 밥은 처음 만난 어떤 CEO로부터 갓 대학을 졸업한 그의 딸, 베스에 관한 이야기를 들었다. 대화가 시작되고 5분쯤 지난 뒤, 밥은 그에게 이렇게 물었다.

"내가 아는 사람들 가운데 베스가 사회생활을 시작하는 데 도움이 될 만한 사람을 소개해주고 싶은데 어떤 점을 고려해야 할까요?"

이 CEO는 밥의 질문을 고맙게 받아들이고선 잠시 숙고하더니 자신의 생각을 밥에게 일러주었다. 몇 주 뒤 밥은 그 CEO에게 한 사람을 소개해주었다. 밥이 소개한 사람은 결국 베스에게 아주 적합한 인맥이었다. 그녀를 인턴으로 채용해서 그녀가 성공적으로 사회에 첫발을 내딛도록 도움을 아끼지 않았으니 말이다. 밥이 그 CEO와 사업상 파트너가 됐을까? 그랬다. 게다가 큰 수익을 안겨준 거래처를 몇 군데 소개해준 것은 보너스였다.

때로는 처음 대화를 주고받은 상대방이 즉석에서 당신의 맥거핀을 원하는 경우도 있다. 그럴 경우 당신은 따로 약속을 잡거나 즉석에서 일사천리로 거래를 성사시킬 수도 있다. 하지만 그런 일은 자주 일어나지 않는다.

많은 경우 새로운 사람을 만나고 함께 나눈 즐거운 대화는 그냥 즐거운 추억으로 끝난다. 하지만 그 경우에도 당신은 이

땅의 모든 삶을 풍요롭게 해줄 가치 증진에 조금이나마 기여한 셈이다. 당신에게나 상대방에게나 그렇게 보낸 하루는 결코 헛된 것이 아니기 때문이다.

여기 당신이 기억해두면 좋을 유익한 사실이 있다.

당신의 세일즈 비즈니스가 번창하기 위해서는 당신의 맥거핀을 원하는 사람이 당연히 필요하다. 하지만 지금 이 자리에서 만나는 사람이 그 사람일 필요는 없다. 그러니 마음을 편하게 가지고 대화를 즐기길 바란다. 새로운 친구를 사귄 것만으로도 얼마나 수지맞는 장사인가!

5

가슴은 뜨겁게 접촉은 가볍게

대부분의 세일즈맨은 잠재 고객이 품는 중요한 의문들을 별다른 생각 없이 지나친다. 그런 의문을 직접적으로 드러내어 묻는 사람이 드물기 때문이다. 어쩌면 잠재 고객들도 자신이 떠올린 의문을 진지하게 생각하지 않는지도 모른다. 하지만 사람들이 그러한 의문을 품고 있는 것은 사실이고 그에 대한 당신의 대답에 따라 신뢰 여부가 결정된다. 잠재 고객이 가지는 의문들은 다음과 같다.

"당신을 믿을 수 있을까?"
"당신이 하겠다고 다짐한 것들을 과연 정말로 할까?"

"내가 정말로 당신에게 중요한 사람인가?"

"이보게, 젊은이. 50대 50은 지는 비율일세. 이기는 비율은 오직 100퍼센트밖에 없네. 다른 사람이 이기는 게 자네의 승리라고 생각해야 하네. 윈-윈에 관해서는 잊어버리게. 오로지 상대방이 이기게 만들 방법에만 집중하게."

_샘 로젠

입 밖으로 나온 적이 없는 이런 의문들에 대해 당신은 영어, 불어, 일어 혹은 파키스탄의 우르드어로도 적절한 대답을 할 수가 없다. 대답은 오로지 단 한 가지 언어로만 가능하다. 바로 '행동'이다! 그래서 세일즈 거래상의 약속을 끝까지 실천하는 자세가 중요한 것이다. 마무리는 골프에서만 필요한 것이 아니라 우정이나 결혼 그리고 비즈니스, 특히 세일즈에서도 중요하다.

세일즈 교본이나 연수 프로그램에서는 이런 경우 '후속 조치'라는 단어를 사용한다. 이미 이루어진 일을 지속적 혹은 반복적으로 가다듬는 과정을 의미한다. 하지만 우리는 '마무리'라는 단어를 선호한다. 어떤 과정이나 행동을 완벽하게 귀결

짓고 추후 단계까지 깔끔하게 수습한다는 의미를 포함하기 때문이다.

　마무리의 핵심을 정리하면 다음과 같다.

　새롭게 유대를 맺은 사람들과 첫 만남 이후 몇 시간, 며칠, 몇 주 이내에 그들의 삶의 가치를 향상시킬 방법을 찾아 실천해야 한다. 예를 들어 그들을 만나서 즐거웠다는 내용의 감사 카드를 직접 써서 보내는 것도 마무리에 해당한다. 아주 간단한 일인 것 같지만 경우에 따라 엄청난 영향력을 발휘할 수도 있다.

　사람들을 위해 가치를 창조하는 가장 좋은 방법은 그들을 다른 사람들과 연결해 관계를 비즈니스 파트너십으로 발전시키거나 그 밖에 다른 경로를 통해 쌍방이 그들의 관계로부터 유익한 결과를 얻게 하는 것이다. 그 방법을 통해 당신은 다른 사람들이 발전하는 촉매 역할을 하게 된다. 거기에 드는 비용은 0원이고 가치는 무한대이다.

　또한 그들이 관심을 갖거나 가치 있다고 판단할 만한 정보를 보내는 것도 좋은 방법이다. 이때 정보는 당신의 제품이나 서비스에 관한 것이어서는 안 된다. 그들의 개인적 관심사에 관한 정보여야 한다. 앤의 취미가 뮤직박스 수집이고 잭의 딸이 고등학교 축구팀의 스타플레이어일 경우, 골동품 뮤직박스나 대학축구팀에 관해 알아낸 정보를 그들에게 보내는 것은 그들의 삶의 가치를 향상시키는 일이다.

한편 상대방이 마음에 들어할 만한 책이나 CD를 구입해서 보내줄 수도 있다. 하지만 이 경우에는 금액상의 적정한 한도를 지켜야 한다. 일반적으로 10달러가 넘는 선물은 받는 사람에게 부담을 느끼게 만든다.

인터넷 뉴스를 보다가 알아두면 유익한 기사를 상대방에게 보내주는 간단한 일로도 다른 사람의 삶의 가치를 향상시킬 수 있다. 하지만 어떤 호의든 사리에 맞게 베풀어야 한다. 무분별한 호의는 도움을 주는 것이 아니라 오히려 부담감이나 성가심을 느끼게 만드는 역효과를 낳기 때문이다.

마무리의 기본 자세는 '가슴은 뜨겁게, 접촉은 가볍게'이다. 라포르가 형성되면 당신은 '새롭게 사귄 친구'에게 새로운 비즈니스를 권할 수도 있다. 이 시점에서는 제안 역시 가치를 향상시키는 범주에 포함된다.

이러한 모든 행동은 상대방에게 한 가지 메시지를 전달한다.

"나의 최대 관심사는 당신을 위해 가치를 창조하는 것이다."

그리고 당신은 이번 장 첫머리에 나열했던 몇 가지 무언의 의문들에 대해 단호하게 "Yes!"라고 대답하고 있는 것이다. "그렇다." 당신은 나를 신뢰할 수 있다. "그렇다." 나는 약속한 내용을 반드시 실천하는 사람이다. "그렇다." 당신은 나에게 진정으로 중요한 사람이다.

오늘날의 인터넷 세상에서 커뮤니케이션 통로는 실로 다양하다. 사이버 세계의 모든 소셜 네트워킹 사이트를 검색할 필요는 없다. 귀중한 시간을 컴퓨터 화면 속에 모두 쏟아부을 수는 없으니 말이다. 하지만 최소한 이메일과 기타 웹상의 커뮤니케이션 통로들을 늘 깔끔하게 관리할 필요는 있다. 거기에 투자한 시간은 반드시 그 이상의 결실을 가져다준다.

와인라이브러리 TVWineLibraryTV.com의 창업주 게리 베이너척은 온라인 와인 시음쇼를 창안했을 당시 부친이 운영하는 뉴저지의 술 전문 판매점에서 일하고 있었다. 현재 그의 쇼 접속 수는 하루 평균 10만 건에 달한다. '가치의 법칙'과 '보상의 법칙'을 성공적으로 실행에 옮긴 대표적인 사례이다.

끝없이 샘솟는 에너지의 소유자이자 다른 사람을 위해 자신의 시간을 아낌없이 투자하는 게리 또한 '영향력의 법칙'의 달인이다. 그는 매일 수백 통의 이메일을 받는데 그 많은 이메일에 일일이 직접 답장을 보낸다. 그것이 그의 엄청난 성공 비

결 중 하나이다. 그의 팬들 모두가 그가 자신들을 소중하게 생
각하고 있다고 확신하기 때문이다.

세일즈 연수 프로그램 강사 중에는 세일즈를 낚시에 비유
하는 사람들이 있다. 그들은 낚싯대를 때로는 여러 개씩 드리
우고 침착하게 '고기가 물 때를 기다리라'고 가르친다. 그러다
보니 세일즈맨들 사이에서는 고객을 '낚는다'는 표현을 종종
사용한다.

낚시에 관해서는 전혀 유감이 없다. 하지만 우리는 세일즈
를 낚시보다는 농사에 비유하고 싶다. 땅을 갈아엎고 씨를 뿌
린 뒤, 물을 주고 잡풀을 솎아내고 비료를 주며 재배한다. 간
단히 말해서 '마무리'를 하는 것이다. 모든 씨앗이 뿌리를 내
리는 것은 아니다. 열 개에 하나 혹은 스무 개에 하나 정도일
수도 있다.

어떤 인간관계가 결실을 맺을지, 그 시점은 언제인지 정확
히 알 수는 없다. 각각의 인간관계가 바람직한 결실을 맺기 위
해서는 그 상황에 적합한 접근법이 요구된다. 그것은 농부가
토양과 일조량 그리고 계절에 맞춰 작물을 재배하는 것과 같
은 이치이다. 추수의 시점, 즉 계약이 완전히 성사되는 시점은
당신이 조절할 수 있는 사안이 아니다. 당신이 조절할 수 있는
사안은 마무리이다.

하지만 이 사실만은 명심해야 한다. 토양을 비옥하게 일구고 정성을 다해 가꾸면 반드시 추수의 계절이 돌아온다. 창고 가득!

6

처음 만난 사람과 테니스를 쳐라

어느 시점에 이르러서는 당신이 하는 일을 설명해야 할 때가 온다. 그 시점은 상대방과 처음 만난 자리가 될 수도 있고 첫 만남 이후 몇 주, 몇 달 뒤가 될 수도 있다.

"잠깐! 처음 만난 자리에서 내가 하는 일을 밝혀야 할 때도 있다고? 앞에서는 대화의 중심을 상대방에게만 맞추라고 했잖아."

어쩌면 이렇게 머리를 갸웃할 수도 있겠다. 분명히 그랬다. 하지만 자연스러운 분위기가 전제 조건이었다. 당신의 정체를 알쏭달쏭하게 만들라는 게 아니다. 다시 말해 상대방이 그 자리에서 당신이 하는 일에 관해 묻는다면 사실대로 대답하는

"나는 '커피를 사람들과 나눈다'고 말했는데 자네는 뭐
라고 했지? '커피를 팔면 대박난다'고 말했어. 그 차이를
알겠나?"

_핀다

것이 자연스럽다. 상대방이 당신의 제품에 관심을 보여서든,
아니면 그의 주변에 궁금해할 사람이 있어서든, 단순히 당신
이 하는 일을 궁금해하기 때문이든 당신은 언젠가는 가방에
서 당신의 맥거핀을 꺼내야 한다.

전통적인 세일즈 교본에서는 이 시점이 당신이 고대하던
'엘리베이터 피치'의 순간, 즉 거래 성사를 위해 본격적으로
설명에 돌입해야 할 순간이라고 가르친다.

'엘리베이터 피치'란 무엇인가? 당신이 엘리베이터에 타고
있다고 가정해보자. 누군가 엘리베이터에 동승한다면 당신은
당신이 하고 있는 일에 관해 재빨리 그리고 열정적으로 설명
해야 한다. 빠르면 30초, 길어야 2분 내에 엘리베이터는 멈추
고 그 사람은 영원히 당신 곁에서 멀어질 것이기 때문이다.

하지만 훌륭한 세일즈맨은 그런 피치를 하지 않는다. 우리는
누군가를 삼진 아웃을 시키기 위해 마운드에 올라선 것이 아니
다. 우리는 자연스럽고 진솔한 대화를 나누고 싶을 뿐이다.

이제 좀 더 우호적인 게임인 테니스에 관해 생각해보자. 야구에서 '피치'의 목적이 삼진 아웃을 시키기 위한 것이라면 테니스에서 '서브'의 목적은 상대방이 받아칠 수 있도록 공을 네트 반대편으로 넘겨 두 사람이 게임을 즐기는 것이다. 물론 '친선'이 전제된 테니스 게임에 한해서이다. 아낌없이 주는 세일즈맨들은 피치가 아닌 '서브'를 한다. 세일즈의 전 과정을 상대방과 함께하는 것이다.

그러기 위해서는 일단 장점과 혜택의 차이점을 명확하게 알고 있어야 한다. 많은 세일즈 교본과 연수 프로그램에서도 이를 강조하고 있다. 그런데도 대부분의 세일즈맨들은 여전히 장점만 설명하는 피치를 한다.

자, 이제 다시 한 번 그 차이점을 살펴보자.

- 장점에 관한 설명에서는 당신의 '맥거핀'이 중심이다.
- 혜택에 관한 설명에서는 '상대방'이 중심이다.

사람들은 제품의 장점, 즉 맥거핀의 기능보다는 제품의 혜택, 다시 말해 맥거핀이 자신에게 줄 수 있는 가치를 궁금해한다. 따라서 당신이 하는 일을 묻는 질문에 대한 대답은 맥거핀의 장점이 아니라 그것을 통해 상대방이 누릴 수 있는 혜택이어야 한다.

피치는 경기를 '끝내기 위해' 상대방이 칠 수 없는 공을 던지는 자기중심적인 행동이다. "당신은 어떤 일을 하는가?"라는 질문에 당신의 맥거핀의 기능과 장점에 관해 장황하게 설명하는 것은 피치이다.

피치와는 반대로 서브는 경기를 '계속하기 위해' 상대방이 되받아칠 수 있는 공을 보내는 상대 중심적인 행동이다. "당신은 어떤 일을 하는가?"라는 질문에 당신과 사업상 거래를 할 때 상대방이 누릴 수 있는 혜택을 명료하게 설명하는 것은 '서브'이다.

새롭게 알게 된 사람이 당신이 하는 일에 관해 물을 때 당신의 답변은 상대방이 되받아칠 수 있는 서브가 되어야 한다. 그래야 두 사람이 함께 게임을 즐길 수 있기 때문이다.

다음 답변들을 살펴보면서 답변이 테니스 공이 되어 상대방 코트에 떨어질 때 내는 소리에 귀 기울여 보자.

"나는 보험업계에 있습니다."

"나는 첨단과학이 빚어낸 최상의 스킨케어 제품을 팔고 있습니다."

"나는 부동산업에 종사하고 있습니다."

어떤 소리가 들리는가? 이번엔 다른 답변들을 살펴보자.

"나는 사람들이 가족을 보호하고, 건강한 재정 상태를 유지할 수 있는 미래를 설계하도록 돕고 있습니다."

"나는 노화방지 기술을 통해 사람들의 건강과 자부심을 증진시키고 있습니다."

"나는 사람들이 만족스럽게 집을 매각하고 꿈꾸던 집을 매입할 수 있도록 돕고 있습니다."

이번에는 어떤 소리가 들리는가? 양쪽 모두 같은 부문의 비즈니스를 언급하고 있지만 차원이 전혀 다르다.

처음 세 답변은 기능에 관한 설명이다. 상대방의 반응은 "아, 그러세요" 정도일 것이다. 즉, 당신은 상대방이 받아칠 수 없는 공을 서브했고 그 공은 "픽" 소리와 함께 사라진다. 게임이 끝난 것이다.

반면 나중의 세 답변은 혜택에 관한 설명이다. 상대방의 반응은 "그래요? 흥미롭군요. 나도 그 부문에 종사하는 사람을 알고 있어요." 수준 이상일 것이다. 즉, 당신은 상대방이 받아칠 수 있는 공을 서브한 것이다. 그 공은 "팡" 소리와 함께 상대방의 코트 위에서 탄력 있게 튀어 오르고 상대방은 수월하게 당신의 코트로 공을 되넘겨 친다. 게임이 계속되는 것이다. 네트를 사이에 두고 공이 오가는 동안 코트에서는 자연스럽게 라포르가 형성된다. 올바른 서브는 그만큼 중요한 것이다.

다음의 답변들 역시 올바른 서브에 해당한다.

- **주식거래인**: 나는 사람들이 부를 창출하고 올바로 운영하도록 돕고 있습니다.
- **건강보험 설계사**: 우리는 기업들이 종업원들을 경제적 위기에서 보호할 수 있도록 돕고 있습니다. 고용주에게 금전적인 부담은 절대 없습니다.
- **장기보험 설계사**: 우리는 재정적인 측면에서 사람들이 힘들게 모은 자산을 인생의 가장 큰 재난으로부터 지킬 수 있도록 돕고 있습니다.
- **물리치료사**: 나는 약물의 도움 없이도 환자들이 스스로 완치할 수 있도록 돕고 있습니다.
- **소송전문 변호사**: 우리 로펌은 사람들이 원만하게 분쟁을 해결해서 금전적인 낭비는 물론 스트레스를 유발하는 상황을 모면하도록 돕고 있습니다.

상대방의 코트에서 공이 탄력 있게 튀어 오르는 소리가 들리는가? 여기서 다시 당신은 의문을 품을 것이다.

"그렇다면 올바른 서브를 넣기만 하면 상대방이 반드시 공을 되넘긴단 말인가?"

그렇지 않다. 그리고 그건 그다지 중요하지도 않다.

세일즈 업계에는 다음과 같은 표현이 있다.

"올바른 사람에게 그릇된 내용을 이야기할 수 없으며 그릇된 사람에게 올바른 내용을 얘기할 수도 없다."

당신이 만나는 모든 사람들을 이해시킬 수도 없고 그럴 필요도 없다는 의미이다. 더구나 당신의 맥거핀에 대해 관심을 갖고 안 갖고는 당신이 아니라 상대방이 결정할 문제이다. 만일 당신이 거래를 성사시키기 위해 맥거핀을 상대방에게 항상 올바로 이해시켜야 한다는 강박에 사로잡혀 있다면 반드시 거기서 벗어나야 한다.

'거래를 성사시키는 건 당신이 아니다'라는 사실을 기억하라. 그것은 상대방만이 할 수 있는 일이다. 당신이 할 수 있는 일은 가치를 창조하는 것이다. 그것이 바로 당신의 서브이다.

7

당당히 어깨를 펴라

자신들이 알고 좋아하며 신뢰할 수 있는 사람들과 사업하기를 원하는 것이 당연하다면 자신들에게 지나치게 의존하려는 사람들과 사업을 하고 싶어 하지 않는 것도 마찬가지이다. 강압적이고 공격적인 자세가 사람들을 경원하게 만든다면 실제로 지나치게 간절하고 궁색한 자세 또한 마찬가지 결과를 불러온다.

당신과 가족의 생계를 세일즈를 통한 수입에 의존하는 경우, 거래 성사는 한층 절실해진다. 그럴 경우 자칫 악순환의 고리가 형성될 수 있다. 당신이 수입을 절실하게 원할수록 자신의 처지를 궁색하게 느끼게 되고, 자연히 그 느낌이 외부에

"파산이든 대박이든 모두 당신의 결심에 달린 문제예요." 니콜은 관자놀이를 손가락 끝으로 두드리며 말을 이었다. "다 여기서 결정되는 거죠."

더욱 분명하게 드러나면서 이를 쉽게 파악할 수 있게 된 사람들은 당신을 점점 더 멀리하게 된다. 그럴수록 당신은 필요한 수입을 기대하기 힘들어지고, 그렇게 되면 당신은 더욱 절실하게 수입을 원하게 되고 만다. 여기서 바로 감정적 명료성과 절제의 필요성이 대두된다.

감정적 명료성과 절제를 모두 갖춘 상태를 적절히 표현할 수 있는 단어가 있다. 바로 '세일즈맨 본연의 자세'이다. 본연의 자세를 갖춘 세일즈맨은 목적을 이루기 위해 본심을 감춘 채 가식적으로 행동을 하지 않는다. 대신 의혹과 불안을 떨쳐버리고 특별한 결과에 대한 감정적 집착 없이 자신의 본모습과 가치를 창조하려는 진심을 상대방에게 거리낌 없이 내보인다.

"어깨를 펴라!"

어머니들은 자식들에게 본연의 모습대로 당당하게 살아가라고 격려한다. 본연의 자세를 갖춘 세일즈맨은 어머니의 격려를 실천하고 있는 것이다.

날씨, 경제 지표, 응원하는 스포츠 팀의 성적 등 자신이 어쩔 수 없는 문제에 집착하지 않는 것도 세일즈맨이 취해야 할 본연의 자세에 해당된다.

당신의 맥거핀에 대한 관심이나 구매 결정도 상대방에 달려 있을 뿐 당신이 조절할 수 있는 문제가 아니다. 따라서 관심을 유발하려는 과도한 시도나 구매를 강요하는 듯한 태도는 세일즈맨 본연의 자세에 위배되는 것이다.

당신이 조절해야 하는 것은 당신이 취하는 행동과 말 그리고 특히 당신의 머릿속 생각이다. 특별히 생각을 조절해야 하는 이유는 무엇일까? 당신의 생각은 종종 말이나 행동만큼 혹은 그 이상으로 상대방에게 분명하게 전달되기 때문이다.

여기서 인간의 의식이 한 번에 한 가지 생각밖에 하지 못한다는 사실에 다시 한 번 주목할 필요가 있다. 세일즈맨이 자신의 궁색한 처지에 관한 생각에 사로잡히면 어떤 식으로든 상대방에게 구매를 강요하게 된다. 그런 시도는 성공하기 힘들며 설사 거래가 이루어진다 해도 찜찜한 여운을 남긴다.

이때 감정적 명료성과 절제를 되찾는 방법은 자신에게 던지는 질문의 방향을 바꾸는 것이다. 즉, 상대방이 당신의 맥거핀을 구매하는 게 당신 자신에게 필요한지를 묻는 게 아니라 그 사람이 과연 당신의 맥거핀을 필요로 하는지를 묻는 것

이다. 이것이 상대방을 우선적으로 배려하는 세일즈맨 본연의
자세이다.

세일즈에 성공하기 위해서는 사람들이 당신의 제품이나 서
비스에 관심을 보여야 하고 구매로 이어져야 한다. 하지만 세
상은 넓고 당신이 맥거핀을 팔 수 있는 기회는 무궁무진하다.
지금까지 당신은 엄청난 성공을 안겨줄 다섯 가지 법칙 가운
데 세 가지를 익히고 실행에 옮겼다. 이제 당신에 대한 좋은
평판이 무성해져서 당신의 영향력이 확산되고 있다. 당신이
만나본 적도 없고 얘기를 들어본 적도 없는 사람들이 바로 이
순간에도 당신의 평판을 듣고 있다. 이 상황에서 굳이 본연의
자세까지 허물어뜨려가며 눈앞의 상대방을 낚으려고 안달해
서는 안 된다.

상대방이 당장 당신의 맥거핀을 구입한다면 경제적 문제는
일시적으로 해결되겠지만 세일즈맨으로서 성공하기 위해서
는 자신의 궁색한 처지 때문에 당장의 거래 결과에 연연해서
는 안 된다. 상대방이 당신과 당신의 맥거핀 혜택을 최대한 누
리고 난 뒤 그 가치를 주변에 알릴 때 비로소 당신의 성공이
시작되기 때문이다. 따라서 심호흡을 하고 마음을 편히 가진
뒤, 가치를 창조하기 위해 상대방과 나누는 대화에 진심과 최
선을 다해라. 그 결과는 당신이 결정할 수 없다. 오로지 상대

방에게 달려 있다.

영화배우이자 제작자이며 작가로도 활동하고 있는 시빌 템
친Sybil Temtchine은 연예계에 첫발을 내딛었을 때 자신은 정말 스
스로에게 진실했다고 회고했다. 하지만 몇 년 뒤, 그녀는 자신
도 모르는 사이에 초심을 잃어버리고 말았다.

"저는 정말 화려하게 데뷔했어요. 그 후로 몇 년 동안 더 큰
성공을 이루기 위해 열심히 노력했습니다. 그런데 어느 날 갑
자기 모든 게 두려웠습니다. 지금껏 제가 쌓아온 것들이 한순
간에 사라져버릴 것만 같았어요. 그날 이후 더 이상 새로운
노력을 하지 않았어요. 남들 하는 만큼만 하면서 그동안 이룬
것들을 지키기에도 바빴으니까요. 그런데 그렇게 살다보니
내가 소중하게 생각했던 것들이 오히려 하나씩 사라지기 시
작했어요."

『기버1』에는 조가 3/4분기 실적을 채우기 위해 동분서주하
는 대목이 있다. 그 상황에서 조는 원래의 그가 아니다. 무언
가에 지나치게 집착할 때 우리는 누구나 조처럼 될 수 있다.
삶의 의미와 즐거움은 까맣게 잊어버리고 겁에 질린 채 살아
가는 것이다.

어느 날 갑자기 닥쳐온 개인적인 불상사 때문에 시빌은 잠

시 연예계를 떠났다. 그리고 쉬는 동안 그녀는 자신의 삶을 찬찬히 돌아보며 자신에게 정말로 중요한 것들에 관해 생각할 수 있었다.

"모든 것이 사라지고 난 뒤에야 진정한 자신을 발견하는 경우도 있나봐요. 그때 저는 겉으로 보이는 성공만으로는 충일한 삶을 살아갈 수 없다는 사실을 절실히 깨달았습니다. 그리고 자신의 본질에 대해 확고한 신념을 갖는 것이 진정한 성공이라는 사실도 함께요. 세상의 그 무엇도 그걸 뺏어갈 수는 없으니까요."

시빌은 곧 현장에 복귀했고 그 이전보다 더 큰 성공을 이뤄나갔다.

'여성들의 자존감'을 주제로 영화를 제작하기로 마음먹은 그녀는 직접 제작비를 마련하기 위해 기금 모금에 나섰다. 그녀는 우선 서점에 들렀다. 수즈 오만Suze Orman에서부터 마리안 윌리엄슨Marianne williamson에 이르기까지 여성들의 권리 신장을 주제로 글을 쓴 모든 여류작가들을 찾아 목록을 작성했다. 그녀는 200명이 넘는 작가들에게 자신의 취지를 설명하는 내용의 편지를 보냈다. 그리고 그 가운데 150명에게서 답장을 받았다! 어떤 사람들은 아예 수표를 동봉했고 또 어떤 사람들은 그녀를 도울 만한 사람을 추천하거나 소개해줄 것을 약속했다. 얼마 지나지 않아 전체 예산의 절반을 충당할 수 있는 기금이 모였고 시빌은 그녀의 영화 「오드리」의 제작에 착수할 수 있었다.

시빌은 어떻게 세계적인 작가들과 접촉한다는 기발한 발상을 떠올리고 성공적으로 실현할 수 있었을까? 그녀에게는 자신의 본질에 대한 확고한 신념이 있었다. 시빌의 이야기는 신념이 바탕이 된 본연의 자세로 세상을 대하면 많은 일이 가능하다는 사실을 보여준 훌륭한 일화이다.

8

경쟁자를 진심으로 칭찬하라

　　　　　　　여러 사람들이 모인 비즈니스 미팅에 참석
했다고 가정하자. 일단 당신의 전문분야에 관한 대화가 시작
되면 어느 시점에 이르러서는 경쟁자들에 관해서도 언급하게
된다. 바로 이때가 당신의 인격이 드러나는 순간이다. 경쟁자
들에 관한 몇 마디만으로도, 아니 단순한 몸짓이나 표정만으
로도 대화하는 상대방과의 유대를 순식간에 돈독히 쌓을 수
도 있고 반대로 아주 위태롭게 만들 수도 있다.

　우리는 어떤 식으로든 경쟁이 필요하다는 것을 인정한다.
하지만 경쟁이 존재하는 이유와 역할을 기억하는 것이 중요
하다. 우리 사회는 경쟁을 권장한다. 경쟁이 지닌 가치가 전체

조는 통화를 끝낸 뒤, 팽개치듯 전화기를 책상 위에 던져 놓고 한참을 바라봤다. 그는 좀 전에 자신이 한 일을 믿을 수가 없다는 표정으로 전화기를 뚫어져라 바라보면서 이렇게 중얼거렸다.

"이 작자한테 제대로 한 방 먹었으면서도 고객을 소개시켜주다니! 경쟁자한테 그 좋은 거래처를 넘겨준다는 게 말이 되나."

사회의 건강에 이바지하고 있기 때문이다. 이는 추상적인 경제 논리가 아니다. 바람직한 경쟁은 경쟁자들을 부지런하게 만들고 모든 경제 활동의 질을 향상시킨다. 따라서 경쟁은 가능성의 한계를 높이는 실용적인 경제 활성 수단이다. 그런 관점에서 보면 당신은 경쟁자들을 친한 친구로 여겨야 한다.

하지만 많은 사람들이 이를 제대로 이해하지 못한 채 경쟁 상대를 거꾸러뜨릴 방법만 모색한다. 정말로 비극적인 착각이 아닐 수 없다. 경쟁자들을 남김없이 몰락시키고 나면 폐허만 남는 것을 모른단 말인가?

어떤 세일즈 교본이나 연수 프로그램에서는 경쟁 상대를 헐뜯지 말라고 가르친다. 비록 이미지 관리 차원이라 해도 다행스러운 일이지만 불행하게도 그와 동시에 경쟁 상대에게

득이 될 만한 얘기도 절대로 하지 말라고 가르친다.

경쟁 상대에 대해 험담을 늘어놓으면 상대방은 당신의 인격을 의심하게 된다. 상대방이 당신의 경쟁 상대에 관한 이야기를 꺼낼 때 당신은 그들에 관해 덕담을 해야 한다. 이때 주의할 점은 이미지 관리 차원이 아니라 진심에서 우러난 이야기여야 한다는 것이다. 그래야 당신의 인간적인 면이 전달될 수 있기 때문이다. 사람들은 당신의 말이 이득을 얻기 위한 만들어진 칭찬인지 진심으로 그 사람을 인정하고 존중하는지 순식간에 알아챈다. 당신이 진심으로 경쟁 상대를 칭찬할 때 상대방에게 입력되는 메시지는 다음과 같다.

이 세일즈맨은 자신에 차 있다.

자신 있게 보이기 위해 경쟁 상대를 마구 깎아내려야 한다고 생각하는 사람들이 있다. 그런 행동은 상대방에게 완전히 반대의 메시지를 전달한다. 하지만 경쟁 상대를 칭찬하는 당신은 진정으로 자신에 찬 사람으로 인식한다. 이때 당신에 대한 신뢰는 당신의 맥거핀으로 이어진다.

이 세일즈맨은 성공한 사람이다.

경쟁 상대를 칭찬할 만큼 업무에 자신이 있는 사람이라면 당연히 성공한 사람이라는 메시지가 자연스럽게 입력된다. 그리고 '성공한' 당신의 맥거핀에 대한 신뢰는 더욱 견고하고 깊어지게 된다.

이 세일즈맨은 안전한 사람이다.

당신이 경쟁 상대를 칭찬할 때 대화의 상대방은 당신이 등 뒤에서 남을 음해할 사람이 아니라는 사실을 깨닫고 자신 또한 안전하다는 믿음을 갖게 된다.

존은 세일즈맨이 잠재 고객 앞에서 경쟁 상대를 평가하는 태도가 끼치는 영향력을 직접적으로 경험한 적이 있다. 차를 구입하려고 각각 다른 브랜드의 대리점 세 군데를 돌아보면서 겪은 일이다.

첫 번째는 BMW였다. 나는 매장에 전시된 차들을 구경하느라 몇 차례 그 대리점을 방문했다. 하지만 에이전트인 마이크는 번번이 내 이름을 물었다. 나를 제대로 기억하지 못하고 있는 게 분명했다. 아이들과 함께 마지막으로 대리점을 방문

한 날 그는 우리를 시승시켜주었다. 그가 운전하는 차 안에서 나는 그와 즐거운 대화를 나누었다. 시승이 끝난 후 나는 마이크에게 호감을 가지게 되었다. 하지만 내가 알고자 했던 정보, 즉 자동차에 대해서는 별로 알게 된 게 없었다. 결국 나는 그를 통해 기대했던 가치를 얻지 못했다.

두 번째는 렉서스였다. 가장 가까운 대리점도 차로 한 시간 반 거리에 있었기에 한창 바빴던 나는 시간을 낼 수 없었다. 하지만 팅크 도일이라는 이름의 딜러와 전화가 연결된 순간 문제는 간단히 해결됐다. 그녀는 우선 어떤 부분에 중점을 두고 차를 선택하느냐고 물었다. 마이크에게서는 듣지 못한 질문이었다. 그녀가 내가 원하는 브랜드에 관해 물었을 때 나는 BMW와 렉서스 그리고 메르세데스를 차례로 꼽았다. 그러자 그녀는 이렇게 말했다.

"세 차종 모두 훌륭하죠. 하지만 저는 개인적으로 렉서스를 좋아합니다. 그래서 제가 여기서 일하고 있는 거겠죠. 그렇지만 BMW와 메르세데스도 훌륭한 차입니다. 어떤 걸 선택하셔도 후회하지 않을 거예요."

그런 다음 그녀는 내게 차를 가져가서 보여줄 수 있다고 말했다. 이후 일주일 동안 나는 매일 서로 다른 렉서스 차종들을 몰아볼 수 있었다.

마지막은 메르세데스였다. 앞서 팅크의 경우와 마찬가지로 메르세데스 대리점의 딜러인 에드는 내가 관심 있어 하는 브랜드에 관해 물었다.

"BMW……."

내 입에서 그 소리가 나오자마자 그는 신음소리를 냈다. "그리고 렉서스……"라고 하자 이번에는 콧방귀를 뀌었다. "렉서스는 사실 제대로 만든 차가 아닙니다"라는 단정에 이어 내가 그 차를 타지 말아야 할 수많은 이유들에 관한 강의가 시작됐다. '캠리 엔진에 외장만 바꾼 것이다', '그러면서도 가격은 엄청나게 부풀렸다', '일제니까 많은 애로사항이 뒤따를 것이다', '에어백 기능이 부실하다는 얘기를 들은 적이 있다', '내 주변에 그 차를 타는 사람은 아무도 없다' 등등.

그날 메르세데스 대리점을 나오면서 나는 마음을 굳혔다. 에드가 거래를 성사시킨 것이다. 바로 렉서스로!

어떤가? 존의 선택에 깊이 공감할 수 있겠는가? 물론 존은 자동차의 기능과 성능 그리고 외장에 관해서도 신중하게 검토했다. 하지만 그의 결정에 직접적으로 영향을 준 것은 세 딜러의 태도였다.

당신이 경쟁자에 관해 험담할 때 가장 피해를 보는 것은 결

국 당신 자신이다. 반면 경쟁자에 관해 덕담을 할 때에는 당신
과 그들 모두 발전할 수 있는 분위기가 조성된다. 그 분위기의
가장 큰 수혜자는 바로 당신이다.

PART 4

A Little Story About A Powerful Business Idea

진실성의 법칙

1

본질로 승부하라

　　　　　　　당신의 잠재 고객만 사람이 아니다. 당신도
사람이다. 언제나 상대방의 입장을 먼저 배려하라는 얘기는
당신을 완전히 버려야 한다는 뜻이 아니다.

　이제 세일즈에 관한 가장 잘못된 인식 하나를 바로잡아보
자. 사람들의 삶에 긍정적인 변화를 일으키기 위해서는 과연
사람들과 어울리기 좋아하는 사교적인 사람이 되어야만 하는
가? 전혀 힘을 들이지 않고 자연스럽게 누구와도 잡담을 나누
고 커피도 함께 마시는 그런 철저하게 친교적인 성격을 지녀
야 세일즈에 성공할 수 있는 걸까? 꼭 그런 것은 아니다. 그런
천성을 지니지 않았어도 얼마든지 성공한 세일즈맨이 될 수

있다. 누구든 좋은 친구가 되는 법을 배울 수 있듯이 세일즈에서 성공하는 비결은 누구에게나 열려 있다.

"그 강연회에서 연사는 '가치를 더하라'고 강조했습니다. 하지만 나에겐 나 자신 말고는 더할 게 없었죠. 그러고 보니 고객들에게 '내 자신까지 내어준다'는 생각은 하지 못하고 있었다는 걸 깨닫게 되었습니다."

_데브라 데븐포트

어떤 세일즈 교본이나 연수 프로그램에서는 성공하기 위해서는 '당신이 안락함을 느끼는 범위를 벗어나라'고 가르친다. 하지만 생각해보자. 당신 자신을 불편한 상황으로 내몬다면 결국 당신은 물론 상대방까지도 불편하게 만들 것이다. 불안은 전염되기 마련이고 상대방은 어떻게든 당신의 불안을 감지하기 때문이다.

인간은 기본적으로 불안에 저항하게 되어 있다. 사실 불안한 상황을 모면하기 위해서라면 우리는 무슨 일이든 할 것이다. 그러므로 당신의 가장 강력한 본능을 거스르며 세일즈를 하는 건 옳지 않다. 세상은 불확실성으로 점철되어 있고 당신이 자초하지 않더라도 당신의 세일즈에는 이미 불안요소들이

널려 있다.

그렇기 때문에 당신이 편안함을 느낄 수 있는 '안전지대'를 떠나기보다는 그 자리에 머물면서 범위를 조금씩 넓히려고 시도하는 편이 보다 나은 결과를 얻을 수 있다. 당신의 본질 밖으로 나가려 하지 말고 당신의 본질 속으로 자신과 상대방을 끌어들이는 것이 올바른 접근법이라는 의미이다.

당신은 훌륭한 세일즈맨들이 일하는 모습에서 불안한 분위기를 감지한 적이 있는가? 없을 것이다. 정말로 훌륭한 세일즈맨들은 아주 편안하고 쉽게 일하는 것처럼 보인다. 왜 그럴까? 자신들의 본질 속으로 일을 끌어들이기 때문이다. 즉, 그들은 언제나 본연의 모습으로 상대방을 대하기에 성공하는 것이다.

2002년도 에미상 수상작인 「도어 투 도어Door to Door」의 주인공 빌 포터Bill Porter는 자신의 본질, 즉 본연의 모습에 충실한 태도가 빚어내는 엄청난 결과를 입증한 사람이다. 태어날 때 사고로 인해 뇌성마비를 앓아 언어도 몸도 불편한 포터에게 선뜻 일자리를 주려는 사람은 없었다. 하지만 그는 자신의 장애에 굴복하지 않았다. 어눌한 발음이었지만 사람들을 설득하려고 노력했고 느린 걸음이었지만 열심히 돌아다녔다. 결국 그는 왓킨스 컴퍼니Watkins Company를 설득해서 10마일 넓이의 방문판매 구역을 배당받는다.

그는 혼신을 다해 세일즈 업무에 매진했다. 그의 노크 소리에 문을 열어준 사람들에게 그는 매 순간 최선을 다했다. 실제로 그는 고객 한 사람 한 사람에게 정성과 존경을 담아 감사카드를 보내는 것은 물론, 애프터서비스도 소홀히 하지 않았다. 결국 빌 포터는 회사의 최고 세일즈맨이 되었다. 그의 성공은 자신의 본질을 유지하며 최선을 다하는 노력이 빚어낸 당연한 결과였다.

빌 포터는 장애인이라는 이유로 특별한 혜택을 받기를 거부했다. 자연히 그의 고객들도 그를 측은해하거나 동정하지 않았다. 대신 세일즈맨으로 또 한 인간으로 그의 성실한 노력을 존경하게 되었다. 다시 말해 빌 포터는 그의 본질 속으로 자신과 다른 사람들을 끌어들인 것이다.

그가 하는 일은 고객들에게 제품이나 서비스를 전달하는 것만이 아니었다. 그는 아예 그들의 삶의 일부가 되었다. 빌은 70대 후반이라는 고령의 나이에도 변함없이 그렇게 활동했다. 그의 웹사이트에는 다음과 같은 내용이 올라오기도 했다.

"비록 육체적으로는 활동하기가 예전 같지 않지만 나는 오랜 고객들과 전화를 통해 그들의 주문을 받고 또 그들의 삶에 일어난 변화와 새로운 소식을 듣는다."

『기버1』을 읽은 독자들이 '진실성의 법칙'에 관해 이런 질문을 하기도 한다.

"어떻게 하면 진실해질 수 있나요?"

정확히 답변하자면 당신은 진실해질 수 없다. 당신은 이미 진실하기 때문이다. 진실은 언제나 당신의 본질 속에 존재하고 있다. 다시 말해 진실은 외부에서 구할 수 있는 것이 아니라 당신의 내면에서 추구하고 인식하는 것이다.

진실과 아주 근사한 의미를 가진 단어가 신실信實이다. 신실은 온전한 상태를 의미한다. 즉, 한 개체가 분열됨 없이 모든 면에서 항상 일관성을 견지하는 상태를 말한다. 신실함, integrity의 라틴어원은 In(not) + Tangere(to touch)로 접촉되지 않은 혹은 오염되지 않은 상태, 본질이 훼손되지 않은 상태를 의미한다. '온전하다'는 것은 말과 행동이 일치한다는 것을 의미하기도 한다. 말한 대로 행동하고 행동하는 대로 말할 때 당신은 온전한 사람이다.

진실의 힘을 여실히 보여주는 간디에 관한 일화가 있다.

어떤 여인이 아들을 데리고 먼 길을 여행한 끝에 간디를 만났다.

"스승이시여, 제 아들에게 설탕을 먹지 말라고 타일러 주십시오."

간디는 그녀에게 집으로 돌아갔다가 30일 후에 다시 오라고 말했다. 여인은 당황스럽고 화가 나기도 했지만 간디가 시키는 대로 할 수밖에 없었다. 꼬박 한 달이 지난 후, 그녀는 다시 아들을 데리고 간디를 찾았다.

"우리가 다시 왔습니다. 제 아들에게 설탕을 그만 먹으라고 말해주십시오."

간디는 소년을 부드러운 눈길로 바라보며 말했다.

"아들아, 설탕을 먹지 말거라."

소년은 순순히 대답하며 이후로는 절대 설탕을 먹지 않겠노라 맹세했다. 고맙긴 했지만 여인은 이렇게 묻지 않을 수 없었다.

"스승이시여, 저는 이해가 되지 않습니다. 한 달 전에도 지금처럼 한 말씀만 해주셨으면 될 것을 왜 저에게 고된 여행을 하게 하셨습니까?"

간디가 대답했다.

"그때는 나도 설탕을 먹고 있었기 때문입니다."

2

프리젠트 VS 프레즌트

'present'라는 단어에는 두 가지 발음이 있다. '프리젠트'로 발음하면 동사로서 '당신의 이야기를 한다'는 의미이다. 세일즈를 전제로 하자면 '당신과 당신의 맥거핀 가치에 관해 설명을 하다'로 해석할 수 있다. 한편, '프레즌트'로 발음하면 형용사로서 '현재의'라는 의미이다. 세일즈 관점에서 말하자면 '현재의 시점과 장소에서 영향력을 발휘하는'으로 해석된다. 이 두 가지 의미를 혼합하면 모든 세일즈맨들에게 도움이 될 수 있는 하나의 교훈을 구성할 수 있다.

효과적으로 프리젠트하기 위해서는 프레즌트해야 한다.

즉, 당신과 당신의 맥거핀의 가치를 입증하기 위해서는 항상 긍정적인 영향을 주려고 노력해야 한다는 의미이다.

과거의 세일즈 교본이나 연수 프로그램은 제품에 대한 모든 정보를 암기하라고 가르쳤다. 다양하고 정확한 정보 제공이 가치 창조로 여겨지던 시절에는 세일즈에 성공하기 위해 모든 세일즈맨들이 '걸어 다니는 안내 책자'가 되어야 했기 때문이다. 하지만 오늘날의 정보화 시대에서 이 방법은 더 이상 효과가 없다. 모든 정보가 넘쳐나고 있기 때문이다. 이제 사람들에게 단순히 정보를 제공하는 것은 가치를 전달하는 것이 아니라 그들의 시간을 뺏는 것이다. 이제는 정보가 아니라 의미를 전달해야 한다. 세일즈의 성공 비결은 당신의 맥거핀에 관한 사실과 숫자들을 하염없이 나열할 수 있는 능력이 아니라 진실을 바탕으로 사람들과 인간적인 유대를 맺을 수 있는 능력이다.

세일즈 업계에 이런 격언이 있다.

"사실은 고개를 끄덕이게 하지만 이야기는 주머니를 열게 만든다."

아주 그럴듯하게 들리긴 하지만 현실과 완전히 부합하지는 않는다. 이야기가 반드시 계약으로 이어지는 것은 아니기 때문이다. 세일즈에서 이야기의 정확한 역할은 관계를 맺어주는 가교이다.

또 한 차례 웃음과 환호의 물결이 장내를 휩쓸었다.
"시작한 지 1분밖에 안 됐는데 저 여인은 벌써 청중을 장
악했군!" 조는 감탄하며 혼잣말로 중얼거렸다.

당신의 영업 분야나 맥거핀에 따라 프레젠테이션의 형식은
달라진다. 크고 작은 집단을 대상으로 할 수도 있고 전화를 통
해서나 커피 테이블을 사이에 두고 혹은 사무실이나 집 거실
에서 직접 대면한 자리에서 프레젠테이션을 할 수도 있다. 하
지만 장소나 방법에 관계없이 기본 원칙에는 변함이 없다.
공식적인 프레젠테이션을 예로 들어보자.

잭이 어느 단체의 초청으로 그의 맥거핀을 설명할 기회를
갖게 되었다. 사회자의 소개에 이어 잭이 무대 중앙에 올라 의
미심장한 눈빛으로 청중을 둘러본다.
이윽고 그의 프레젠테이션이 시작된다.
"아, 아, 안녕하십니까?"
눈길은 여전히 청중에게 향한 채로 잭은 마이크를 몇 번 손
끝으로 가볍게 두드린다.

"마이크 연결된 거죠? 여러분, 잘 들리십니까? 됐군요, 좋습니다. 와우! 정말 다들 멋져 보이십니다. 에, 그러니까 오늘 밤, 여러분들과 자리를 함께하게 되어 너무 신나는군요. 본론으로 들어가기 전에 이 자리를 마련해주신 짐 젠킨스 씨께 감사를 표하고 싶습니다. 자, 여러분. 모두 박수!"

고작 몇 사람만이 몇 차례 손바닥을 마주쳤을 뿐 상당수가 목을 가다듬거나 얼굴을 문지르는 등 딴청을 피웠고 대부분이 자리를 고쳐 앉는 바람에 청중석은 전혀 바람직하지 못한 방향으로 술렁거린다.

불쌍한 잭! 아직 본론에 들어가지도 않은 상태에서 분위기가 이 모양이니 잭의 프레젠테이션은 사실상 끝난 셈이다. 이제부터는 청중 누구도 그가 하는 얘기를 단 한 마디도 귀담아듣지 않을 테니 말이다. 왜 그럴까?

'첫 인상을 심어줄 기회는 단 한 번뿐이다.'

지극히 옳은 얘기이다. 귀중한 기회를 잭은 자신에게 초점을 맞추려는 시도로 놓치고 말았다. 다시 말해 그는 '프레젠트'를 하면서 '프레즌트' 하지 않은 것이다.

이야기의 내용이 자신에게 던진 질문에 대한 대답일 때도 있다. 잭의 경우도 그렇다. 그의 인사말은 그가 스스로에게 던

180

진 다음과 같은 질문에 대한 답이다.

'내 모습이 괜찮게 보일까? 무슨 말을 해야 할까? 내가 잘하고 있는 걸까? 이렇게 하면 내가 긴장하고 있다는 걸 들키지 않을까? 저 사람들이 나를 좋아할까?'

잭은 청중들에게 전달하고 싶은 가치를 설명하기 위해 연단에 섰다. 그의 진심은 누구도 의심할 수 없을 것이다. 하지만 그는 첫 단추를 잘못 끼우고 말았다. 자신에게 잘못된 질문을 던졌기 때문이다. 게다가 "와우! …… 신난다"는 멘트는 미숙한 세일즈맨들의 99퍼센트가 어색함을 누그러뜨리기 위해 사용하지만 일단 너무 상투적인 데다 본질적으로 자신에게 초점을 맞춘 어구이다.

그렇다면 성공한 세일즈맨들 가운데 잭과 같은 방법으로 프레젠테이션을 시작하는 사람들은 얼마나 될까? 없다! 노련하고 세련되며 긴장을 모르는 강철 심장의 소유자라서 그럴까? 아니다. 진정으로 훌륭한 프레젠터는 자기 자신에게 절대초점을 맞추지 않기 때문이다.

훌륭한 프레젠터는 자신에게 다음과 같은 질문을 한다. 잭의 질문과 비교해보자.

'이들이 가장 원하는 게 뭘까? 이들은 어떤 사람들일까? 이들은 무엇을 찾고 있을까? 이들이 여기에 온 이유는 무엇일

까? 내가 이 자리에서 전달할 수 있는 가장 가치 있는 메시지는 무엇일까?'

자, 잭의 프레젠테이션 서두를 재구성해보자.

이제 우리의 잭은 중심이 자신이 아니라 청중이라는 사실을 분명히 알고 있다. 청중의 입장에 서서 그들이 무엇을 두려워하는지, 그들이 무엇을 바라는지 그리고 강연장에서 그들에게 최상의 가치를 전달하기 위해 자신이 해야 할 일이 무엇인지 스스로에게 질문을 던진 상태이다.

소개에 이어 잭이 무대에 오른다. 똑바른 자세로 마이크 앞에 선 그는 청중을 주시하며 입을 연다.

"지금도 전 그때의 기분을 고스란히 느낄 수 있습니다. 23년 전 일입니다. 저는 젊었고 야망에 불타고 있었으며…… 불안했습니다. 제가 불안했던 까닭은 보스의 사무실로 호출을 받았기 때문이었죠. 거기서 저는 제 평생 다시는 듣고 싶지 않은 말을 들어야 했습니다. '잭, 미안하네. 회사 사정상 감원이 불가피해서…….'"

청중석은 일순 깊은 적막에 잠긴다. 어떤 소리도 움직임도 없다. 모든 사람이 잭의 한 마디 한 마디에 귀를 기울인다. 그가 아주 노련한 이야기꾼이라서? 아니다. 그건 노련한 것이 아니라 진실한 것이다. 잭은 청중들의 소중한 시간을 단 1초도 허비하지 않고 그들에게 아주 중요할 수도 있는 사안의 핵심을 찌른 것이다.

물론 당신은 당신의 맥거핀의 특징과 장점 그리고 그 밖에 세일즈 성공에 도움이 될 수 있는 정보들을 전달하고 싶을 테고 또 그래야만 한다. 하지만 일단 여유를 가져야 한다. 프레젠터로서 당신의 능력은 그런 정보들을 얼마나 잘 전달했는지에 따라 평가받는 게 아니다. 청중과의 교감 정도에 따라 평가받는 것이다. 프레젠테이션 현장에서 먼저 다음과 같은 질문들을 당신 자신에게 묻고 답을 생각해보면 많은 도움이 될 것이다.

이 사람들은 누구인가?

그들은 무엇을 원하는가?

내가 그들에게 줄 수 있는 가장 큰 가치는 무엇인가?

그리고 다시 한 번 이 사실을 상기하라.

"당신이 아니라 상대방이 중심이다."

"그렇다면 프레젠테이션 원고는 어떤가요? 할 얘기를 미리 외우는 것은 진실하지 못한 행동인가요?"

가끔 이런 질문을 받는다. 우리는 원고대로 읊는 통신판매원의 얘기를 듣고 감동을 받았다는 사람을 본 적이 없다. 하지만 그렇다고 원고를 미리 준비하거나 할 말을 외워두는 행동이 '진실성의 법칙'에 위배되는 것은 아니다.

당신이 가장 좋아하는 음악가가 바흐의 독주곡을 연주하는 모습을 떠올려보자. 물론 그는 공연에 앞서서 이미 악보를 철저히 암기했을 것이다. 그 상황은 진실인가, 거짓인가?

결국 미리 할 말을 준비해두는 행동이 진실인지 거짓인지를 따지는 것은 의미가 없다. 그 말에 당신의 진심이 고스란히 담겨 있다면 그것은 진실이다.

3

약속은 작게 실천은 크게

　　다른 사람들을 자신이 원하는 대로 행동하
도록 납득시키는 것이 세일즈 과정의 핵심이라고 생각하는
사람들이 있다. 하지만 훌륭한 세일즈맨은 결코 다른 사람을
납득시키려 하지 않는다.

　누군가를 납득시키려는 노력 속에는 이미 실패의 소지가
담겨 있다. 납득시키다라는 뜻의 영어 단어 'convince'의 라
틴어원은 'vincere'로 '정복하다'는 의미를 담고 있다. 즉, '납
득시키다'라는 단어는 '말싸움에서 승리하다'는 의미로 해석
할 수도 있는 것이다.

　"자신의 의지에 반해서 납득된 사람은 여전히 예전의 생각

"그때 이후로 집을 몇 채 더 팔았죠." 그녀가 이렇게 말하자 청중들 사이에는 의미심장한 웃음의 물결이 일었다. 그들 모두가 데브라 데븐포트의 세일즈 실적을 알고 있었기 때문이다. 10년 동안 '몇 채'는 지나치게 겸손한 표현이었다.

을 고수하고 있다."

데일 카네기Dale Carnegie의 명언이다. 납득된다는 것이 자신의 의지에 반하는 상태라는 사실을 정확히 간파한 예지가 번뜩인다.

만일 당신이 대화 중에 "이건 정말인데", "내 생각을 말하라면", "내 말 믿어도 돼"와 같은 표현을 자주 사용한다면 하루빨리 그 습관을 버리길 바란다. 진정한 가치를 전달하기 위한 대화에서는 오히려 역효과를 내는 어구들이기 때문이다. 우선 이런 표현들은 모두 자신에게 초점을 맞춘 것이다. 더욱 중요한 것은 듣는 사람의 마음속에 의심의 그림자를 드리우는 강요적인 다짐이라는 사실이다. 진심으로 말하는 사람이라면 이런 표현들을 사용할 필요가 있을까?

다음 표현을 한번 살펴보자.

"이건 정말 믿기 힘든 맥거핀입니다. 정말이지 사실이라고 믿기지 않을 정도입니다. 정말로 말씀드리는데 이건 지금까지 만들어진 맥거핀들 가운데 최고입니다. 당신은 분명히 이걸 사랑하게 될 겁니다. 일단 한 번 사용해보면 여태까지 이걸 모르고 살았다는 게 말이 안 된다고 생각하게 될 겁니다."

이 얘기를 듣고 의심을 품지 않을 사람은 없을 것이다. '믿기 힘들면' 못 믿는 것이고 '믿기지 않으면' 믿지 말아야 하며, '말이 안 되면' 하지 말아야 하는 것 아닌가? 이런 표현들이 가지고 있는 공통점은 '과장'이다.

세일즈 업계에는 아주 훌륭한 표어가 하나 있다.

'약속은 작게 실천은 크게!'

약속할 때는 절대 과장 없이 겸손할 것이며 약속을 실행에 옮길 때는 상대방이 기대하는 것보다 더 큰 가치를 전달하라는 의미이다. 이는 가치의 법칙을 실천하는 아주 바람직한 방법이며 훌륭한 세일즈맨들이 확고히 유지하고 있는 직업 정신 가운데 하나이다.

우리가 주변에서 가장 흔히 만나는 '과장'은 과대광고이다. 과대광고는 약속을 항상 지키지 못하기에 세일즈맨과 고객 모두에게 부정적인 영향을 준다. 이것을 위시한 과장된 접근 방법은 반드시 목적했던 것과는 정반대의 결과를 빚는다. 많은 경우, 어떤 식으로든 결과에 이르지도 못한다. 대화 초반에 상대방이 등을 돌려버리기 때문이다.

사실 작정하고 과대광고를 하는 세일즈맨은 많지 않다. 열정을 보이라고 교육받은 데다 그들 맥거핀의 가치를 철저히 신봉한 나머지 자신도 모르는 사이에 도를 지나치게 되는 경우가 대부분이다. 하지만 동기야 어쨌든 막무가내식 열정은 상대방에게 과대광고 혹은 허세로 받아들여진다.

허세의 이면에는 회의와 불안이 도사리고 있다. 그런 부정적인 감정들은 아무리 감추려 해도 상대방에게 감지되기 마련이다. 따라서 자신의 맥거핀에 대해 아무리 확신할지라도 절대로 허세를 부려서는 안 된다.

그렇다고 당신의 열정을 철저히 억제하라는 얘기는 아니다. 당신의 맥거핀의 가치에 대한 신념을 드러내지 말라는 것도 아니고 무조건 냉철한 자세를 유지하라는 것도 아니다. 하지만 긍정적인 표현에는 크게 두 가지 유형이 있다는 사실을 기억하자. 한 가지는 위에서 살펴본 표현처럼 강요적인 단정이고, 다른 한 가지는 '조용한 진실'이 뒷받침되는 경우에만 가능한 사실의 진술이다. 전자는 자신감을 보이려는 의도에서 비롯한 허세의 일종이고 후자는 실제 사실의 가감 없는 전달이다. 진정한 자신감과 열정은 목표를 향해 발사될 때 효력을 지니는 미사일이 아닌 내면에서부터 자연스럽게 새어나오는 불빛이다.

존의 친구 중 한 사람이 자신의 친구이자 저명한 작가에게 존을 소개한 적이 있다. 작가가 어떤 프로젝트를 위해 대필 작가를 급히 필요로 했기 때문이었다. 하지만 그는 존이 요구한 보수에 난색을 표했다. 문제를 해결하기 위해 삼자 간 전화회의가 열렸다. 통화가 시작되자마자 작가는 존에게 일격을 가했다.

"당신의 실제 능력이 사람들 평가의 절반이라도 됩니까?"

존은 망설이지 않고 답했다.

"그렇습니다. 정확히 절반입니다."

작가는 너털웃음을 터뜨렸다. 존은 그 일자리를 얻었고 자신의 기대를 넘어서는 프로젝트 결과를 확인한 작가는 존이 요구했던 보수의 두 배를 흔쾌히 지불했다.

약속은 작게, 실천은 크게!

4

공감은 듣기에서 완성된다

커뮤니케이션 스킬, 즉 의사소통 기술이 자신의 의도를 제대로 표현하는 능력이라고만 생각하는 사람들이 적지 않다. 하지만 이는 표현 기술이지 의사소통 기술은 아니다. 자신을 표현하는 능력은 기껏해야 커뮤니케이션 과정의 절반에 지나지 않는다. 올바른 커뮤니케이션의 진정한 비결은 말을 잘 하는 능력이 아니라 상대방과 공감할 수 있는 능력이다. 상대방의 처지를 충분히 이해한 후 입을 여는 것이 올바른 커뮤니케이션인 것이다.

상대방과 공감할 수 있는 유일하고도 확실한 방법은 듣는 것이다. 올바른 커뮤니케이션 과정에서는 당신이 이야기하는

내용이나 방법보다 상대방의 이야기를 듣는 태도가 훨씬 중
요하다.

> "이제까지 살면서 내 말을 다른 사람이 이렇게 열심히
> 듣고 있다는 느낌을 가져본 적은 단 한 번도 없었어요."
>
> _ 수전

오늘날처럼 바쁜 세상에서 제대로 들을 줄 아는 사람을 만
나기가 갈수록 어렵다. 사람들 대부분이 사사로운 목적 때문
에 다른 사람의 이야기를 듣기 때문이다. 거래를 성사시킬 고
급 정보를 얻기 위해 듣고, "아, 그래요. 무슨 말인지 압니다.
이 제품을 사용해보면 그런 문제는 모조리 해결될 겁니다"라
는 얘기를 할 수 있는 기회를 노리기 위해 듣는다. 심지어 하
고 싶은 말을 하려고 상대방의 말이 끝나는 때를 기다리기 위
해 듣는다.

훌륭한 세일즈맨들은 사사로운 목적을 위해 듣지 않는다.
그들은 그저 들을 뿐이다. 상대방에게 관심이 있기 때문이다.
그들은 호기심이 많다. 그들은 상대방을 알고 싶어 한다. 그래
서 듣는다.

여러 세일즈 교본과 연수 프로그램에서도 '적극적 듣기'를

강조한다. 상대방이 말하는 동안에는 고개를 끄덕이거나 짧은 감탄사로 호응을 보이고 얘기를 끝낸 뒤에는 주요 사항을 짧게 반복하라고 가르친다. 그래야 상대방이 당신이 자신의 얘기를 제대로 듣고 있다고 느끼기 때문이라고 한다.

물론 일리는 있다. 하지만 세일즈 현장에서는 이런 논리가 효과적으로 작용하지 않는다. 대화 중에 상대방의 이름을 지나치게 자주 언급하는 경우와 마찬가지로 비위를 거스를 만큼 작위적인 냄새를 풍길 수 있기 때문이다.

"아하! 맞아요, 정말 그렇습니다, 무슨 말씀인지 알아요. 으흠! 아무렴요. 으흠! 그렇죠!"

제발, 그만!

그 맞장구 때문에 오히려 제대로 듣지 못한다는 걸 모르는가? 보다 예의바르게 열심히 듣는 방법은 묵묵히 귀 기울이는 것이다.

듣는 태도는 당신 자신에게 어떤 질문을 던지느냐에 따라 달라진다. '이 사람이 말하는 내용을 어떻게 받아들여야 할까? 이 사람이 말을 끝내면 어떤 반응을 보여야 할까?'라는 질문을 스스로에게 던지며 상대방의 얘기를 들을 수도 있고, '이 사람이 말하는 내용은 정확히 무엇인가?'라는 궁금증을 품고 상대방의 얘기를 들을 수도 있다.

전자의 경우, 당신의 초점은 상대방이 말하고 있는 내용이 아니라 당신이 할 얘기에 맞춰져 있다. 따라서 상대방의 얘기를 제대로 들을 수가 없다. 하지만 후자의 경우, 당신의 초점은 상대방에게 맞춰져 있다. 상대방의 말을 열심히 듣고 이해한 상태에서는 미리 할 말을 준비할 필요가 없으니 더욱 잘 들을 수밖에 없다.

우리가 보기에 대화 중에 상대방의 말을 제대로 듣는 경우는 1퍼센트도 안 되는 것 같다. 99퍼센트의 경우 겉으로 열심히 듣는 것 같아 보이지만 사실 그것은 진정한 듣기가 아니다. 그것은 마치 마음의 엔진을 켜둔 상태로 신호등이 녹색으로 바뀌어 다시 직진할 수 있을 때까지 교차로에서 잠시 멈춰 있는 것과도 같다. 상대방의 얘기를 제대로 듣기 위해서는 기어를 중립 상태, 아니 주차 상태에 놓고 아예 엔진을 꺼야 한다.

우리의 친구 길스 아르보가 네트워크 마케팅을 하던 시절에 저질렀던 실수담에 관한 이야기이다. 어떤 잠재 고객이 길스의 설명을 들은 후 그에게 이렇게 물었다고 한다.

"그러니까 암웨이Amway 같은 겁니까?"

길스는 극구 부인하며 겉으로는 흡사해 보일지 몰라도 본

질적으로는 암웨이와 전혀 다르다고 여러 가지 예를 들어가
며 설명했다. 길스의 얘기가 끝나자 그 사람은 "아! 아쉽군요.
난 암웨이를 좋아하거든요"라고 말했다.

길스의 경우처럼 상대방의 말이 뜻하는 바를 지레짐작하면
실수를 저지르게 된다. 그런 실수를 방지하기 위해서는 제대
로 들어야 한다.

즉석에서 자신의 본심이나 관심사를 드러내는 사람은 많지
않다. 실제로 자신의 본심이나 진정한 관심사를 깨닫지 못하
는 경우도 많다.

그런 사람들은 적절한 질문이 오가는 대화 속에서 자신도
모르던 본심을 내비치게 된다. 그래서 우리가 올바른 질문과
올바른 듣기의 중요성을 더욱 강조하는 것이다.

플라톤의 가르침대로 진실은 대화 속에서 모습을 드러낸다.
진정한 대화가 이루어지기 위해서는 상대방의 이야기를 제대
로 들을 수 있어야 한다. 상대방의 이야기에 귀를 기울이지 않
은 채 이루어지는 대화는 쉽게 논쟁으로 번질 수 있다.

당신이 부동산업에 종사하는 세일즈맨이고 당신이 지금 막
보여준 집에 관해 잠재 고객과 얘기를 나누고 있다고 가정해
보자.

고객: 결정을 내리기 어렵군요. 도심 지역에서 너무 멀리 떨어져 있는 것 같아요.

당신: 고작 15킬로미터 남짓인 걸요. 그리 먼 거리라고 볼 수는 없죠.

고객: 글쎄요…… 남편과 나는 근린시설이 가까이 있는 동네를 원하기 때문에…….

당신: 그건 문제 될 게 없습니다. 차만 막히지 않으면 도심까지 15분 거리거든요. 최악의 상황에서도 25분이면 가능합니다.

고객: 그래도…… 확신이 서질 않는군요.

당신: 어쨌든 집 자체는 마음에 드시죠, 그렇죠?

이건 커뮤니케이션이 아니다. 팔씨름이다. 그것도 이미 결과가 정해진 게임, 당신이 이겨도 지는 게임이다.

자, 이제 상황을 재구성해보자.

고객: 결정을 내리기가 어렵군요. 도심 지역에서 너무 멀리 떨어져 있는 것 같아서요.

당신: 그렇습니까? 왜 그렇게 생각하시나요?

고객: 글쎄요…… 일단 집은 마음에 듭니다. 하지만 남편과

나는 근린시설이 가까운 동네를 원하거든요.

당신: 말씀을 들어보니 그 부분을 정말 중요하게 생각하시는 것 같군요. 근린시설이라고 하셨는데 특별히 필요로 하는 시설이 있으신가요?

고객: 글쎄요. 어린 딸이 있고 앞으로 몇 년 안에 아이를 더 가질 계획이에요. 쇼핑센터나 극장 같은 곳이 가까이 있으면 좋겠고, 특히 아이들이 아플 때를 대비해 병원이 근처에 있어야겠죠. 그런 일은 없으면 좋겠지만 말이에요. 사실 남편과 줄곧 도시에서만 살았기 때문에 어떤 시설이든 몇 분 이내에 이동할 수 있는 환경에 익숙해요. 그래서 우리 부부에게 15킬로미터는 너무 먼 것 같아요.

당신: 아주 일리 있는 말씀입니다. 일단 이 집은 무척 마음에 드는데 거리가 부담스러우신 거군요. 제 말이 맞나요?

고객: 네, 맞아요. 바로 그겁니다!

당신: 그렇다면 한 가지 알려드릴 게 있습니다. 마침 가까운 곳에서 개발 계획이 진행 중입니다. 여기서 채 3~4킬로미터밖에 되지 않는 곳이에요. 쇼핑센터와 극장, 물론 병원도 들어올 겁니다. 그 밖에 어떤 근린시설이

필요하신지 몰라서 드리는 말씀인데 그곳에 저와 함께 가보시면 어떨까요? 혹시 야구장까지 들어설지도 모르니까요. 하하!

상대방의 얘기를 제대로 듣는 동시에 당신이 경청하고 있다는 사실을 분명히 전달하면 세일즈는 무리 없이 진행할 수 있다. 당신의 목적이 단순히 거래를 성사시키는 것이 아니라 상대방을 위해 가치를 창조한다는 사실을 전달할 수 있기 때문이다. 첫 번째 상황에서처럼 자신의 관점만 고집하면서 상대방의 걱정은 별 일 아닌 것이라고 설득하려 해서는 안 된다. 항상 상대방의 관점과 걱정을 존중해야 하는 것이다. 그러기 위해서는 당연히 상대방의 얘기를 제대로 들어야 한다. 자신의 얘기를 열심히 들어주는 당신의 태도를 통해 상대방은 당신이 자신을 가치 있는 존재로 여기고 있다는 사실을 자연스럽게 인식하게 된다. 그런 인식이 바로 바람직한 인간관계의 초석이 되는 것이다.

실제로 상대방은 두 번째 경우의 당신처럼 자신의 얘기를 열심히 들어주는 사람을 처음 만났을 확률이 높다.

『기버1』의 중간쯤에 대전환점이 등장한다. 전체 이야기 속에서 딱 한 번 등장하는, 조와 수전이 그들의 집에서 나눈 대화 장면이다.

  조는 결혼 이후 처음으로 사회생활의 어려움을 호소하는 아내의 이야기에 정성껏 귀를 기울인다. 그 과정에서 조의 변화는 오히려 어떤 극적인 요소 없이 조용히 이루어진다. 조 자신조차 자신에게 긍정적인 변화가 일어나고 있는 것을 눈치채지 못한 채 아내에게 전혀 도움이 되지 못 한다고 미안해할 정도다. 하지만 그 변화가 없었다면 조는 스승들의 가르침을 깨닫지 못했을 것이며 헨리 데이비드 소로Henry David Thoreau(미국의 위대한 초월주의 철학자이며 미국 르네상스의 원천. 대표작으로 『월든』이 있다)의 표현에 따르면 '조용한 좌절a life of quiet desperation' 속에서 계속 살아가야 했을 것이다. 그런데 그의 삶이 통째로 바뀐 것이다. 그 엄청난 변화는 어떻게 일어날 수 있었는가? 그가 들었기 때문이다.

5

넘어지는 방향으로 핸들을 틀어라

이제 우리는 세일즈 과정의 핵심이자 세일
즈맨들이 가장 두려워하는 부분에 이르렀다. 바로 '거부'에 대
처하는 방법이다. 세일즈의 다른 과정들과 마찬가지로 거부에
대처하는 '아낌없이 주는' 사람들의 접근 방법은 당신이 지금
까지 보고 듣고 배운 것과는 정반대여야 한다.

이 과정을 살펴보는 동안 당신은 엄청난 사실을 깨닫게 될
것이다. 바로 부정적인 반응을 다루는 과정 자체가 상대방에
게 가치를 전달하는 가장 큰 기회가 된다는 점이다. 바로 이
과정에서 우리는 가장 실용적이면서도 제대로 알려져 있지
않은 세일즈 성공의 한 가지 비결을 확인할 수 있다.

상대방의 거부 반응은 오히려 세일즈를 성공시킬 수 있는 기회다.

　상대방이 거부할 때 당신은 거기 맞서고 싶은 충동을 느낄 것이다. 다시 말해서 상대방이 당신의 맥거핀에 대해 회의를 품고, 비판을 하고, 문제를 제기하고, 걱정을 하거나 혹은 망설이는 등의 부정적인 반응을 보이면 당신은 전투 태세를 갖추게 된다. 거부를 극복하는 대표적인 접근 방법은 본질적으로 일종의 전쟁이다. 그런 상황에서 상대방은 위축되거나 겁을 내든지 아니면 아예 도망치고 싶어진다.

　여기 거부에 관한 진실이 있다. 대부분의 거부라는 부정적인 반응은 실제적인 거절이 아니라는 사실이다.

　상대방의 입장에서 생각해보자. 당신은 당신의 맥거핀에 관해 모든 걸 알고 있다. 즉, 당신의 맥거핀에 관한 한 당신은 완벽한 전문가이다. 하지만 상대방은 그렇지 않다. 그들은 당신

　"베푸는 일에 관한 이 모든 얘기는 정말 훌륭한 걸세. 하지만 모든 사람이 그렇게 받아들일 수 있는 건 아니야. 나, 혹은 니콜이나 어네스토 같은 사람에게만 충분한 의미를 갖는 거지. 하지만 자네는 애초에 그렇게 생겨먹지 않았거든."

의 맥거핀에 관해 고려하는 단계에 있다. 당신을 통해 처음으로 제품이나 서비스에 관해 알게 된 경우도 많을 것이다. 게다가 그들의 삶에는 당신과의 관계 말고도 많은 일이 일어나고 있다. 어떤 문제가 그들을 당신과의 대화에 전념하지 못하도록 방해하고 있는지 당신은 모른다.

따라서 상대방이 입 밖으로 드러낸 부정적인 표현이 본심을 고스란히 담고 있다고 판단할 수는 없다. 실제로 그들 역시 자신들의 본심이 무엇인지 제대로 인식하지 못하는 경우도 많다. 다만 자신의 입장을 표명하기는 해야겠기에 부정적이면 부정적인 대로 마음속에 떠오른 첫 번째 생각을 그냥 말해버리는 경우가 많다는 것이다.

설사 그들이 거부했다고 해도 그들의 실제적인 결정은 그 직후 '30초' 동안 당신이 그들의 부정적인 반응을 다루는 방법에 좌우된다고 말할 수 있다. 짧은 시간 동안 당신은 두 가지 선택을 할 수 있다. 첫 번째는 그들과 맞서는 것이다. 그럴 경우 그들의 부정적인 반응은 단호한 거절로 굳어질 확률이 높다. 두 번째는 보다 분명한 커뮤니케이션을 위해 그들의 표현을 다시 한 번 정리하는 것이다. 이때 당신과 상대방은 파트너십을 형성하게 된다.

상대방의 거부에 대한 아낌없이 주는 사람들의 접근 방법은 공감이다. 마주서서 대결 자세를 취하는 대신 상대방 쪽으로 건너가 그들과 나란히 서서 그들의 부정적인 반응을 함께 검토하는 것이다.

우리는 그 방법을 '미끄러져 넘어지려는 방향으로 핸들 틀기'라고 부르곤 한다. 처음 자전거를 탔을 때 넘어지지 않기 위해서 어떻게 하라고 배웠는가? 당연히 넘어지려는 쪽으로 핸들을 돌리라고 배웠을 것이다. 하지만 어리고 경험 없는 당신의 본능은 이렇게 외쳤을 것이다.

"아니야! 반대 방향, 반대 방향으로 핸들을 돌려! 오른쪽으로 넘어지려고 하잖아. 빨리 왼쪽으로 방향을 틀란 말이야! 아주 세게!"

그 본능을 따른 결과는? 길 위에 엉덩방아를 찧고서는 영문을 몰라 어리둥절했을 것이다.

사람들과 커뮤니케이션을 할 때도 똑같은 원리가 적용된다. 대화가 장애물에 걸려 균형을 잃고 흔들릴 때 당신의 본능은 이렇게 소리친다.

"반대쪽으로 핸들을 돌려! 아주 세게 꺾어!"

상대방: 글쎄요. 가격이 너무 비싼 것 같은데요.

당신: 비싸다고요? 천만에요. 이 물건의 가치에 비하면 굉장

히 저렴한 가격입니다. 건강에 안 좋은 음식이나 쓸데 없는 물건에 허비하는 돈을 생각하면 정말 싼 거죠!

'꽈당!' 엉덩방아 찧는 소리가 들리는가?

자동차 운전을 처음 배울 때도 같은 원리를 배운다.

"빙판길에서 차가 미끄러질 때는 미끄러지는 방향으로 핸들을 돌리세요."

운전 실습 교관은 이렇게 가르친다. 하지만 그 원리가 납득이 되지 않는 당신의 본능은 이렇게 얘기한다.

"그건 아니지. 반대로 핸들을 돌려야 안 미끄러지지!"

그러나 빙판길에서 운전해본 사람이면 교관의 가르침이 절대적으로 옳다는 사실을 알고 있다.

당신이 나누는 대화에도 정확히 같은 원리를 적용할 수 있다. 대화 도중에도 '빙판'을 만나면 미끄러지는 쪽으로 핸들을 돌려야 한다.

상대방: 글쎄요. 가격이 너무 비싼 것 같은데요.

당신: 아, 그러니까 그만한 돈을 주고 구입하기에는 무리가 있다고 생각하시는군요?

상대방: 네, 그렇습니다.

당신: 그건 정말로 생각해볼 문제군요. 그런데 그 정도 가격을 감수하고 물건을 구입할 때는 어떤 효과를 기대하시는지 물어도 될까요?

위의 예시에서처럼 부정적인 반응을 다루는 가장 효과적인 방법은 상대방이 가고 있는 방향으로 당신의 핸들을 돌리는 것이다. 상대방을 반대 방향으로 몰아가려 해서는 절대 안 된다.

그렇다고 상대방의 거부 반응에 반드시 동의를 표하라는 얘기는 아니다. "확실히 생각해볼 여지가 있다" 혹은 "무슨 얘기인지 알겠다"라는 표현과 "맞다! 이건 너무 비싸다"라는 표현은 차원이 아예 다르다.

또한 상대방의 견해에 무조건 동조하라는 얘기도 아니다. 논쟁이나 대립을 피하고 상대방의 입장에서 생각하라는 얘기이다. 당신 자신과 당신의 맥거핀의 가치에 대해 확고한 신념이 있다면 굳이 상대방에게 강요할 필요가 없는 것이다. 당신이 그런 마음가짐으로 대화에 임할 때 상대방은 당신과 당신의 맥거핀을 은연중에 신뢰하게 된다.

'미끄러지는 방향으로 핸들을 돌리는' 접근법은 처음에는 낯설고 불편하게 느낄 수 있다. 하지만 반복해서 실행해야 한다. 자전거의 경우처럼 한번 익히고 나면 절대 잊어버리지 않

는 기술이 될 것이다

한편 이 원리는 세일즈뿐만 아니라 모든 인간관계에 보편적으로 적용된다. 배우자나 친한 친구로부터 비난이나 그 비슷한 얘기를 들을 때 당신의 본능은 이렇게 소리치지 않는가?

"반대 방향으로 핸들을 꺾어! 변명하고 방어하고 받아쳐!"

경험상 결과는 어땠는가?

배우자: 여보, 당신과 할 얘기가 있어요. 당신 요즘 일에만 매달리느라 가족들에게 제대로 신경 쓰지 않는 것 같아요.

당신: 말도 안 되는 소리! 지난 토요일도 오후 내내 가족들과 보냈잖아요. 요즘 바깥에서 내가 해결해야 할 일이 얼마나 많은지 알고나 하는 소리에요? 내가 뭐 때문에 이렇게 열심히 일하는데 그런 트집을 잡아요?

다시 한 번 '꽈당!' 소리가 들리는가? 이제 미끄러지는 방향으로 핸들을 돌려보자.

배우자: 여보, 당신과 할 얘기가 있어요. 당신 요즘 일에만 매달리느라 가족들에게 제대로 신경 쓰지 않는 것

같아요.

당신: 그래요? 내가 요즘 그렇단 말인가요? 난 몰랐어요.

배우자: 맞아요. 최근에는 쭉 그랬던 것 같아요.

당신: 그럼 어떻게 하면 이 문제를 해결할 수 있을까요?

이번에는 엉덩방아 찧는 소리가 들리지 않을 것이다. 당신이 상대방과 한편에 서서 그들의 부정적인 관점을 함께 살펴보고 있기 때문이다.

이것이 바로 아낌없이 주는 세일즈 비결이다. 언제나 상대방과 한편에 서는 것! 세일즈는 상대방에게 하는 것이 아니라 상대방과 함께하는 것이다.

앞에서 얘기했던 대로 세일즈맨들이 가장 두려워하는 부정적인 반응은 오히려 상대방을 위해 가치를 창조할 수 있는 최적의 기회일 수 있다.

그 방법은? 상대방의 지적이나 걱정을 존중하는 것이다. 당신이 "그건 상당히 좋은 질문인걸" 혹은 "그건 아주 적절한 지적이군"이라 말하면서 그들이 제기한 문제점을 함께 살펴볼 때 그들은 자신의 입장이나 의견을 환영하고 존중한다고 느낀다.

하지만 여기서 짚고 넘어가야 할 한 가지 중요한 사실이 있다. 상대방의 지적이나 걱정이 사실과 부합할 때만 가능한 일이라는 사실이다. 상대방에게 그들의 관점이 훌륭하다고 입에 발린 칭찬을 해서는 어떤 좋은 결과도 기대할 수 없다. 그들의 관점이 실제로 훌륭하다고 느낄 때만 당신은 그렇게 말할 수 있는 것이다.

바로 거기에 거부의 미학이 있다. 거부는 정말로 아름다운 상황을 연출한다. 당신은 상대방의 거부를 거부할 필요도 없고 동조할 의무도 없다. 하지만 그들의 관점이기에 그것은 그 자체로 존중 받을 가치가 있다. 당신이 두려워했던 거부가 이렇듯 긍정적인 상황을 연출하는 것이다.

게다가 현실적으로 거부의 시점은 세일즈를 성사시킬 수 있는 절호의 기회이기도 하다. 물론 실제로 판매가 이루어지지 않는 경우도 있고 더 많은 시간을 투자하고 대화를 해야 할 수도 있다. 하지만 거부의 순간에 의심, 두려움, 불안 그리고 망설임 등 상대방의 모든 부정적 감정들을 당신이 해소시켜야 한다는 사실만은 분명히 기억해야 한다. 그러기 위해서는 그들과 충돌하는 대신 그들을 존중하고 포용해야 한다. 당신이 상대방의 부정적인 반응에 적절하게 대처할 때 당신과 그들 사이에 인간적 유대가 돈독해지면서 거래가 성사될 기반이 저절로 마련된다.

오래 전 밥이 라디오 광고를 영업할 때 구충회사를 운영하는 사장을 만난 적이 있었다. 그가 방문한 목적을 다 설명하기도 전에 그녀는 거부 의사를 명백히 밝혔다.

"미안합니다만 광고 예산은 편성해두지 않았습니다."

하지만 밥은 개의치 않고 그녀에게 답했다.

"괜찮습니다. 충분히 이해합니다. 더 이상 사장님의 시간을 빼앗지 않겠습니다. 마지막으로 한 가지만 여쭤봐도 괜찮겠습니까?"

여기 벌레와 싸우는 데 모든 시간과 노력을 기울이는 여성이 있다. 그녀의 삶이 어떻게 궁금하지 않을 수 있을까? 그래서 밥은 그녀의 사업이 어떻게 진행되는지 물어보았다. 정말로 궁금했기 때문이다.

그녀가 설명을 시작하자 밥은 그녀의 이야기에 빠져들었다. 실제로 그녀는 곤충의 먹이습관, 교미 방법과 행태 등 곤충에 관해서는 곤충학계의 어떤 권위자보다도 더 많은 걸 알고 있는 것 같았다.

그녀의 이야기를 들으며 밥은 그녀가 손주들을 무척이나 사랑하는 할머니라는 사실도 알게 됐고, 사람들이 건강하고 안전하게 살 수 있는 깨끗한 주거 환경을 유지하는 데 기여하는 것이 그녀의 소명이라는 사실도 알게 되었다.

정말로 그녀의 시간을 뺏고 싶지 않았지만 그녀의 이야기가 너무나 재미있어서 일어서기가 힘들 정도였다. 하지만 밥이 인사를 하려고 일어서자 그녀가 갑자기 이렇게 물었다.

"소개용 패키지 광고는 가격이 얼마인가요?"

밥은 당황한 채로 그녀에게 가격을 일러주었다. 그녀는 그 자리에서 계약서에 서명했다.

밥은 상대방의 거부 반응에 맞서지 않았다. 그리고 상품 설명은 물론, 계약을 위한 어떤 기술도 구사하지 않았다. 그는 그럴 필요조차 없었다. 그녀가 자신의 의사를 스스로 넘어서서 계약을 맺었으니 말이다.

6

상대방이 거절할 수 있는
구실을 만들어주어라

"지금까지의 설명은 잘 알겠습니다. 하지만
어느 시점에서는 직접적으로 제품이나 서비스를 구입해달라
고 해야 하지 않나요? 세일즈는 저절로 되는 게 아니니까요."

우리의 회의론자가 다시 고개를 갸웃하며 묻는다.

물론 일리 있는 지적이다. 당신의 맥거핀에 관해 충분한 대
화가 오간 뒤, 어느 시점에는 구매든 거절이든 결정되기 마련
이다. 때로는 상대방이 먼저 나서서 이렇게 말하는 경우도 있
기는 하다.

"좋습니다. 이 물건을 당장 구입하겠습니다. 결제는 어떻게
할까요? 신용카드? 수표?"

하지만 이건 극히 드문 경우이고 대부분 당신이 먼저 상대방의 의사를 물어야 한다. 세일즈 교본과 연수 프로그램에서는 이 순간을 솜씨 있게 처리하는 다양한 방법을 가르친다. 하지만 그 방법들 모두 결국은 기술일 뿐이다. 세일즈맨이 아무리 능숙하게 기술을 구사한들 상대방은 어떻게든 알아차리게 되고 기술에 넘어가서 계약을 한다는 건 당연히 기분 좋은 일이 아니다.

"나는 계약체결 방식에 관해서는 모든 걸 배웠어요.
하지만 정작 계약은 한 건도 성사시키지 못했습니다."

_데브라 데븐포트

끝내기 기술을 구사하기 시작하는 시점에서는 특히 상대방이 아니라 '나와 내가 얻게 될 이익'에 초점이 맞춰질 가능성이 굉장히 높다. 당신이 미숙한 세일즈맨이라면 다음과 같은 질문들을 스스로에게 던지며 불안과 초조감에 사로잡힐 수도 있다.

'내가 잘 하고 있는 건가? 끝내기 단계를 제대로 처리하고 있는가? 내 목소리가 자연스러운가? 내가 구사하는 끝내기 기술은 제대로 효과를 발휘하고 있는가? 이번과 같은 경우에 이

211

기술을 사용하는 게 옳은가? 아니, 잠깐! 혹시 다른 기술을 사용해야 하는 건 아닐까? 저쪽에서 거절하면 어쩌지? 내 기분이 얼굴에 드러날까?'

마치 첫 데이트를 신청하거나 졸업무도회에 함께 가고 싶은 소년이나 소녀가 해야 할 적절한 대사를 연습하는 상황과도 같다. 하지만 당신은 더 이상 고등학생이 아니다. 세일즈는 졸업무도회도 아니다.

이 상황에서 관심을 상대방에게 돌리면 당신의 질문은 한결 단순하고 침착해진다.

'이것이 상대방이 원하는 바인가? 이것이 그들에게 진정한 가치를 줄까?'

스스로 던지는 질문이 이렇게 단순한 만큼 상대방에게 던지는 질문 역시 간단명료해진다.

"잭, 이 물건을 구입하고 싶은가요?" 혹은 "잭, 이 맥거핀들 가운데 하나를 구입할 건가요?"

잭이 그렇다고 대답하면 거래가 성사되지만 만일 망설인다면 어떻게 해야 할까? 세일즈 교본과 연수 프로그램에서는 바로 그때 고객에게 확신을 심어주는 끝내기 기술을 구사하라고 가르친다. 하지만 그런 기술들은 오로지 계약을 성사시키는 데 목적을 두고 있다. 우리의 목표는 언제나 가치를 창조하는 것인데 말이다. 우리는 상대방과 맞서는 적이 아니라 상대방을 포용하는 과정을 창조하고 싶은 것이다. 그러기 위해서는 끝내 기가 아니라 '열기'에 중점을 두고 그 과정을 다뤄야 한다.

구매 결정 시점이 되면 상대방은 어떤 식으로든 부담을 느끼게 된다. 결정이라는 행위는 원래 부담스러운 것이며 더구나 돈이 개입된 결정이기에 그들의 부담감은 당연하다. 특히 선택의 여지가 없다고 느끼는 상황에서는 부담감이 가중된다. 이때 많은 사람들은 단순히 부담감에서 벗어나기 위해 거절할 수 있는 구실을 찾는다. 고객의 입장에서 보면 "NO"는 일단 안전한 대답이기도 하기 때문이다.

따라서 다음과 같은 순차적 절차가 발생한다.

부담감 ▶ 탈출구 모색 ▶ 거절

구매 결정을 강요하는 것이 상대방이 거절하게 만드는 가장 확실한 방법이 되는 까닭이 바로 여기에 있다. 그리고 강요에 넘어가 결정한 경우, 상대방은 찝찝함 때문에 당신을 다른 잠재 고객에게 소개하지 않거나 심지어 추후에 계약을 백지화할 수도 있다.

이때 상대방을 편안하게 해주기 위해 당신은 두 가지 방법을 사용할 수 있다. 우선 부담을 주지 않는 것이다. 절대로 부담을 주어서는 안 된다. 나머지 하나는 상대방이 부담감에서 탈출할 수 있는 방법을 제시하는 것이다. 결정의 시점에 이를 때 상대방을 몰아세우지 말고 오히려 거절할 수 있는 구실을 만들어주라는 얘기이다. 요약하자면 잠재 고객을 상대로 끝내기 기술을 구사할 것이 아니라 다양한 가능성에 관해 의견을 나누는 창구를 열어야 한다는 것이다.

당신이 어떤 중요한 사람과 접촉을 시도하는 상황을 가정해보자. 그는 대기업의 최고 결정권자이다. 그 사람과 돈독한 유대만 맺을 수 있다면 바로 대단한 기회를 얻을 수 있다. 그 자체만으로도 든든한 인맥이며 나아가 엄청난 규모의 거래가 성사될 수도 있다. 그런 결과를 위해 당연히 일단 그를 만나야만 한다.

하지만 문제가 있다. 그의 비서가 당신의 접근을 차단하고 있는 것이다. 현재 당신은 5분째 전화기를 붙잡고 있다. 당신은 비서에게 용건과 만남의 타당성을 조심스럽게 설명했다. 하지만 그는 요지부동이다. 당신은 줄곧 공손한 태도를 유지했으며 그의 '거부'와 같은 방향으로 핸들까지 돌렸다. 게다가 가장 적절한 용어들을 번갈아 사용해가면서 여러 차례 부탁했다. 하지만 그는 여전히 꿈쩍도 하지 않는다. 이제 시도를 접어야 할 때가 된 것을 당신은 안다. 그래서 그가 얘기하기 전에 먼저 이렇게 얘기한다.

"어쩔 수 없는 상황이신 것 같은데 저로서는 충분히 이해할 수 있습니다."

순간, 전화기 반대편에서 침묵이 흐른다. 잠시 후 다시 들려오는 그의 목소리는 변해 있다.

"저…… 혹시 가능한 방법이 있는지 알아보겠습니다."

무슨 일이 일어난 건가? 당신이 그를 계속해서 몰아세웠다면 자신의 체면을 위해서라도 그의 거부는 확고부동한 거절로 굳어졌을 것이다. 하지만 당신이 먼저 그를 위해 거절할 구실을 만들어 그의 체면을 세워주었기에 그가 스스로 거부 반응을 넘어선 것이다. 당신은 그에게 거래를 '끝맺기'를 강요한 것이 아니라 그가 거절할 수 있는 탈출구를 활짝 '열어주었다'. 결국 '탈출구가 넓을수록 그것을 이용하고픈 상대방의 욕구는 감소한다'는 '아낌없이 주는 삶'의 철학이 다시 한 번 입증된 것이다.

자, 이제 다시 당신의 잠재 고객인 잭에게 돌아가보자. 당신은 잭에게 물건을 구입할 의향이 있느냐고 간단명료하게 물었고 잭은 망설이는 상황이다. 그는 자신이 당면한 감정적 결정의 압력을 느끼는 중이다. 이때 당신은 그에게 탈출구를 제공해야 한다.

"잭, 이 제품이 당신에게 맞지 않을 수도 있습니다."

전통적인 세일즈 교본에 따라 교육을 받은 세일즈맨은 이 대목에서 탄성을 올리며 이렇게 말할 것이다.

"이제야 알겠군! 이건 '미끼를 채서 끝내기' 기술이야. 당신에게 적당한 맥거핀이 아닐 수도 있다? 상대방이 적극적으로 달려들도록 미끼를 눈앞에서 채는 기술이잖아?"

아니다. 절대로 그런 기술이 아니다. 이 상황은 '끝내기가 아니라 '열기'이다. 오로지 잭이 부담 없이 편안한 마음으로 자신을 위해 올바른 결정을 할 수 있도록 돕기 위해서이다. 우리의 맥거핀을 사든 안 사든, 아니면 아예 결정을 미루든 순전히 잭에게 달린 문제이다. 우리의 목표는 상대방을 위해 가치를 창조하는 것이라는 사실을 다시 한 번 상기하자.

'거부'의 경우와 마찬가지로 '끝내기' 과정에 대한 우리의 주장이 당신의 본능과 정면으로 충돌하는가? 상대방을 풀어주고 세일즈 과정의 주도권을 포기한다는 느낌이 드는가? 그렇다. 이번엔 당신의 느낌이 맞다. 실제로 그래야 한다. 잠재고객을 수동적인 목표물로 취급해서는 안 된다. 그들은 우리의 세일즈 동반자들이기 때문이다.

결과에 관계없이 그 경험을 통해 당신과 상대방은 오랫동

216

안 좋은 느낌을 간직할 수 있다. 두 사람이 같은 편에 섰기 때문이다. 즉, 미끄러지는 쪽으로 방향을 돌리는 또 다른 방법인 것이다.

7

순간의 진실한 침묵을 경험하라

　　전설적인 건축가이자 미래학자인 버크민스터 풀러Buckminster Fuller(이하 버키 –옮긴이)는 20대 때 심각한 역경에 빠진 적이 있었다. 갓 태어난 딸을 뇌막염으로 잃은 데다 파산까지 하는 바람에 더 이상 삶을 이어갈 의미를 찾을 수가 없었다. 결국 그는 자살을 결심하고 미시건 호숫가에 섰다. 하지만 몸을 던지기 직전, 그는 잠시 생각에 잠겼다. 그리고 자신의 삶이 엉망진창이 된 것은 그때까지 다른 사람들의 얘기만 반복하는 삶을 살아왔기 때문이라는 해답을 얻고는 몸을 돌렸다. 그때 버키는 진정으로 자신의 가슴에서 울려나오기 전까지는 말을 하지 않기로 결심했다.

조는 동작을 멈추고 여느 때와 마찬가지로 부산스러운 사무실 안에서 상대방의 고요한 침묵에 귀를 기울였다. 그는 어떤 기분일까? 그 침묵은 마치 생명체인 듯 느껴졌다. 손끝 하나 까딱이지 않고 오로지 듣는 데에만 정신을 집중한 상태. 그것은…… 어떻게 표현해야 할까? 그렇다. 받아들이는 상태인 것이다.

이후 2년 동안 그는 실제로 단 한 마디도 입 밖에 내지 않은 채 침묵하며 살았다. 마침내 그가 다시 입을 열었을 때 그의 이야기는 보통 사람들로선 이해하기 힘든 내용이었다. 하지만 그 속에 담긴 독특한 열정과 확신만은 누구나 쉽게 포착할 수 있었다. 어느 정도 시간이 흐르자 사람들은 그의 이야기가 하나 같이 천재적인 발상이라는 사실도 깨닫게 되었다. 버키에게 일어난 변화는 누구에게나 일어날 수 있는 일이다. 완전한 침묵 속에서 그는 자신의 진정한 실체를 발견한 것이다.

『기버1』에 등장하는 조 역시 버키의 경우와 동일선상에 있다. 입은 다물고 귀는 활짝 연 상태에서 아내 수전의 이야기를 받아들였고 바로 그 순간 조의 일생에서 가장 큰 변화가 깃든 것이다. 그리고 조가 처음으로 '아낌없이 주는 삶'의 원칙을 이해한 순간이기도 했다.

당신은 입을 다물고 있을 때 자신의 가장 큰 가치와 진실에 다가갈 수 있다. 당신의 말이 중요하지 않아서가 아니다. 다만 진정한 힘이 깃드는 곳은 당신의 말이 아니기 때문이다.

제품이나 서비스를 소개할 때 지나치게 말을 많이 하는 것은 미숙한 세일즈맨들이 흔히 저지르는 실수이다. 그들이 말을 많이 하는 까닭은 무엇인가? 스스로를 신뢰하지 못하기 때문이다. 진정한 신념은 말을 적게 할 때 더 분명하게 전달되는 법이다. 신념은 말의 영역을 벗어난 개념이다.

「권리장전The Bill of Rights」은 660개의 단어로 구성되어 있다. 링컨의 게티스버그 연설문Gettysburg Address을 구성하는 단어는 267개이며, 십계명의 단어는 163개(영어로 번역된 경우이며 헤브루어로는 77개에 불과하다. –옮긴이)이다. 강력한 의지를 천명하기 위해서는 많은 단어가 필요치 않다. 따라서 말을 적게 할수록 의사전달은 더욱 분명하게 이루어진다는 논리가 성립하는 것이다.

대화를 나눌 때에는 입을 닫고 귀를 연 채 상대방의 말을 기다리는 짧은 순간이 가장 큰 의미를 갖는 경우가 많다. 때때로 우리는 그런 공백을 메우려고 급급해 한다. 침묵이 불편하기 때문이다. 하지만 대화 중 짧은 침묵의 순간은 반드시 필요하다. 그 순간을 통해 내면 깊숙한 곳에 잠자고 있던 생각들을 떠올릴 수 있기 때문이다. 더구나 당신과 당신의 잠재 고객 사이에 오가는 대화 속에서 주목해야 할 필요가 있는 단어들은 당신이 아니라 그들의 입을 통해 나오는 것들이다. 모쪼록 입을 통해서는 최소한의 가치를 제공하고 행동을 통해서는 보다 큰 가치를 제공하며 본질을 통해서는 가장 큰 가치를 제공해야 한다.

PART 5

A Little Story About A Powerful Business Idea

수용의
법칙

1

받는 데에도 전문가가 되어라

"내게는 앞의 네 가지 법칙들이 잘 다듬어진 목재처럼 느껴진다. 하지만 다섯 번째 법칙은? 그것은 가공되지 않은 원목 토막과 같다."

『기버1』을 읽은 어떤 독자의 표현이다.

이 외에도 '수용의 법칙'이 다섯 가지 법칙 가운데 가장 이해하기 힘들고 실행에 옮기기 어렵다고 말하는 독자들이 많았다. 그런 반응은 당연하다. 다른 네 법칙이 베풂에 관한 내용인 데 반해 다섯 번째 법칙은 직접적으로 판매에 관해 다루고 있기 때문이다. 수용의 법칙은 올바른 '받기'에 관해 규정한다. 올바른 받기는 결코 쉬운 일이 아니다.

바로 이 순간에도 이 세상 모든 사람들이 산소를 들이
마시고 이산화탄소를 내뿜고 있다. 다른 동물들도 마찬
가지이다. 그리고 바로 이 순간, 식물계의 헤아릴 수 없
이 많은 유기체들이 정반대로 이산화탄소를 들이마시고
산소를 내뿜고 있다. 그들이 주면 우리가 받고 우리가
주면 그들이 받으며 흐름이 이어지고 있는 것이다.

_핀다

최근에 누군가에게 칭찬을 받은 기억을 떠올려보자. 당신은
어떤 식으로 칭찬을 받아들였는가?

앞에서 우리는 현대 사회에 팽배해 있는 이분론에 관해 살
펴보았다. 우리는 베풀 수도 있고 자기 이익만 추구할 수도 있
지만 두 가지를 동시에 하지 못한다는 것이 그 논리의 핵심이
었다. 다시 말해 박애주의와 개인주의는 본질적으로 상충된다
는 것이다.

『기버1』이 출간되고 나서 몇 주 후, 어떤 비평가의 서평에서
우리는 이러한 이분론적 신념체계가 이 복잡한 세상에서도 깊
숙이 뿌리를 내리고 있다는 사실을 새삼 확인할 수 있었다.

"핀다를 통해 조는 많은 사업가들을 만나고 그들로부터 다
음과 같은 성공 비결을 전수받는다. '받기보다는 주기가 더 유

익하다.' 하지만 이는 책에 등장하는 핀다의 다음과 같은 대사와 다소 거리가 있는 내용이다. '받기보다 주기가 더 나은 것만은 아니다. 주기만 하고 받으려 하지 않는 건 미친 짓이다!'"

'주기는 좋은 일이고 받기는(나쁜 일은 아니라고 할지라도 −옮긴이) 주기에 비해 덜 좋은 일이다'라는 신념이 얼마나 깊게 각인되었으면 지성적이고 문학적이며 전문적인 비평가마저 책의 내용과 정면으로 상충되는 메시지를 전달하는 것일까. 우리가 그 사실을 인식하든 인식하지 못하든 최소한 우리 정신세계의 일부분은 '받기'를 꺼림칙하게 여기거나 심지어 완강히 거부하는 경우가 많다. 그런 태도는 세일즈맨에게는 치명적인 약점이 될 수 있다.

당신이 칭찬을 감사히 받아들이지 못하고 가까운 사람들에게조차 당신에게 필요한 것을 부탁하길 꺼린다면 다른 사람이 베푸는 호의나 선물을 받는 것을 불편해하거나 과분해하고 심지어 죄스럽기까지 하다면, 당신 내면의 자아는 '판매를 받는', 즉 '판매가 성사되는' 상황 역시 어느 정도 거부하고 있는 것이다.

상대방으로부터 자연스럽게 감사히 판매를 받아들이지 못한다면 당신은 그 부자연스러움을 은연중에 드러내게 된다. 그렇게 되면 상대방은 강요당하거나 불편한 느낌을 받는다.

세일즈 교본에 따라 이를 해소할 여러 가지 기술을 구사할 수는 있겠지만 사실 그런 기술들은 거의 효과가 없다. 당신 스스로 불편한 마음으로 거래에 임하고 있고 앞에서도 여러 번 지적했듯이 상대방은 당신의 심리 상태를 어떻게든 알아차리기 때문이다. 결국 세일즈가 성사되어 이미 찝찝한 기억을 간직하게 된 상대방으로부터 추가 계약이나 소개를 기대하기는 불가능해지고 최악의 경우에는 계약을 파기하기도 한다.

기꺼이 받지 못한다면 다른 사람들의 호의와 선물을 거절하는 것이며 그것은 결국 인간관계의 자연스러운 흐름을 스스로 차단하는 것이다. 그 흐름이야말로 세일즈의 본질이다. 생물의 세계에서 그 흐름은 산소와 이산화탄소의 교환으로 나타난다. 세일즈 업계에서는 제품, 서비스, 가치 그리고 금전의 교환으로 나타난다. 하지만 본질은 하나이다. 호흡! 즉, 흐름 자체가 삶인 것이다.

2009년 봄, 소셜마케팅 기업가인 길버트 멜롯, 게이브 스톰, 브라이언 톰킨스, 브레들리 윌이 시카고에서 출발해 밥이 주최하는 이벤트가 열리는 올랜도까지 1600킬로미터가 넘는 거리를 자동차로 달리면서 『기버1』의 메시지를 전파하는 대장정에 나섰다. 그 여행을 '아낌없이 주는 삶을 위한 순회'라고 명명한 네 사람은 여정 중에 만나는 대도시의 대학마다 들러 지역 트위터 팬들의 모임인 '투윗업스Tweetups'에 참석해 젊은이들과 의견을 나누었다. 그들의 목적과 과정을 길버트는 이렇게 얘기했다.

"우리의 목적은 젊은 기업인들 사이에 『기버1』이 지닌 메시지를 전파한 뒤 그들이 그 메시지를 활용해 보다 큰 성공을 도모할 수 있도록 돕는 것입니다."

그들은 여행하면서 자발적으로 다가온 젊은 기업인들에게 코칭과 멘토링을 제공하는 등 '아낌없이 주는 정신'에 입각한 많은 활동을 펼치는 한편, 그 정신을 주제로 하는 비디오를 공모해 부상副賞으로 입상자들이 원하면 그들의 여행에 동참할 수 있도록 했다. 하지만 그들에게는 해결해야 할 큰 문제가 있었다. 그것은 바로 돈이었다.

"우리는 가능한 한 많은 사람들을 참여시키고 싶었습니다. 이 다섯 가지 법칙이 젊은 리더들의 성공에 결정적인 영향을 미칠 것을 알기 때문이었죠. 그 과정에서 상당한 경비가 소요될 것은 예상하고 있었지만 갈수록 더 많은 사람들이 동참하게 되고 여행 기간이 늘어나자 지출은 우리가 감당할 수 없을 만큼 늘었습니다."

기금 모금 대책을 전혀 마련해두지 않고 시작했기에 그들은 서둘러 인터넷 매체를 통해 자신들이 하고 있는 일을 세상에 알렸다. 반응은 엄청났다. 질문과 찬사 그리고 도울 방법을 알려달라는 연락이 해일처럼 밀려들었다.

"많은 사람들이 우리의 활동에 도움을 주고 싶어 했어요. 처음에 우리는 도움, 특히 금전적인 도움을 받기를 망설였습니다. 하지만 '수용의 법칙'을 다시 한 번 깨우친 뒤 기꺼이 도움을 받아들였어요. 어떤 사람들은 숙박비를 제공하고 또 어떤 사람들은 휘발유값과 톨게이트 비용을 기부하기도 했습니다. 바쁜 틈을 내서 그들의 활동을 화면에 담아준 비디오 제작자들과 웹디자이너들도 있었고 '오늘 당신은 받는 사람이 될 것인가, 주는 사람이 될 것인가?'라는 문구를 새긴 장식용 자석을 제작해 기부한 인쇄회사도 있었으며 '주고 또 주자'라는 문구가 인쇄된 티셔츠를 무한정으로 공급해준 의류사업가도 있었습니다."

하지만 그들이 가장 놀랐던 것은 차량 문제가 해결된 방식이었다. 여행에 동참하는 사람은 늘어가는데 그들에게 버스는 고사하고 승합차도 없었다. 그리고 수송 차량을 마련할 방법도 없었다. 그때 난데없이 포드사에서 연락이 왔다.

"예전부터 포드는 소셜미디어 그룹과 연계해 기자들에게 차량 지원을 해오고 있었어요. 우리의 경우 '기자의 범위를 확대 해석해 지원하기로 결정'했다고 합니다. 곧 우리는 두 대의 2009년식 대형 포드 차량에 나누어 타고 책의 메시지를 전파하는 여행을 계속할 수 있었어요."

포드는 대가로 아무것도 바라지 않았다. 네 사람에게 물심양면으로 지원을 아끼지 않았던 다른 수십 명의 사람들도 마찬가지였다. 그들은 단순히 베풀었을 뿐이다. 그리고 어떤 의미에서는 그럴 수밖에 없을 수도 있다. 네 사람이 주위의 도움을 감사히 그리고 기꺼이 받아들일 충분한 준비가 되어 있었기 때문이다.

바로 여기에 핵심이 있다. 우리 사회에는 박애주의, '주기'는 숭고한 것이며, 개인주의, '받기'는 이기적이기 때문에 그 두 가지 이념과 행위는 서로 상충되고 모순된다는 인식이 팽배해 있다. 하지만 정말로 성공한 사람들은 그렇게 생각하지 않으며 그들의 실제 삶에서도 그런 이분법은 존재하지 않는다.

보통 사람들은 베풂을 성공한 뒤에야 비로소 실행할 수 있는 미덕이라 생각한다. 하지만 진정한 의미의 성공을 이룬 사람들은 베풂 자체가 성공을 창출하기 위한 요소이며 받기는 베풂의 한 부분이라고 간주한다. 그들은 줄 때와 마찬가지로 열심히, 감사히, 즐겁게 받는다. 그들은 흐름을 막거나 거스르지 않는다. 그들은 그 흐름과 함께하고 있는 것이다. 정말로 성공하고 싶다면 마음을 열고 기꺼이 받을 줄 알아야 한다. 그런 자세를 갖추기 위한 한 가지 좋은 방법으로 '감사하기'가 있다.

세상에는 수많은 종교가 있다. 갖가지 종교에서 가르치는 기도는 거의 예외 없이 크게 두 종류로 구분된다. 우선 간청하는 기도로 신께 무언가를 부탁하는 것이다. 두 번째는 감사의 기도다. 이미 가졌거나 갖기를 원하는 무언가를 감사히 받아들이겠다는 기도다. 두 번째 기도는 우리의 실제 삶에 특히 큰 영향을 주고 있다. 수용의 법칙과 직접적으로 연관되기 때문이다.

바쁜 하루가 끝난 뒤 조용히 앉아 그날 하루 당신이 받은 은총을 차례로 떠올리며 진정으로 감사하는 것, 그것이 바로 자발적인 수용이다. 지금 이 순간에 당신이 누리고 있는 수많은 은총에 대한 감사의 마음을 당신의 모든 행동에 배어들게 하라. 그러면 당신은 흐름을 막는 대신 흐름을 트는 삶을 살게 될 것이다.

우리는 매일 수많은 형태의 선물을 받으며 살아간다. 진정으로 '아낌없이 주는 삶'을 살아가는 사람은 주는 것에만 전문가가 아니다. 그들은 받는 데에도 전문가이다. 그들은 마음을 열고 기꺼이 삶이 주는 선물들을 받아들인다. 그들이 엄청나게 많은 것을 누리는 까닭이 바로 거기에 있다.

밥과 그의 경리직원인 트리나 사이에 있었던 일화는 수용의 법칙이 일상에서 드러난 좋은 예다. 볼펜에 관한 그 이야기를 밥을 통해 들어보자.

그것은 특이하거나 비싼 펜이 아니었다. 하지만 나는 디자인이 마음에 들어 트리나에게 그대로 얘기한 뒤 어디서 샀냐고 물었다. 그녀는 이렇게 대답했다.

"그거 가지세요. 난 똑같은 게 많거든요."

"당신 걸 가질 수는 없어요."

내가 거절하자 그녀는 의아해하며 물었다.

"왜요?"

"그건 당신 펜이니까요."

"그러니까요. 내 것이니까 당신에게 주려고 하잖아요."

"아니오. 그걸 받으면 마음이 편치 않을 것 같아요."

나는 거듭 거절했다. 트리나는 눈을 가늘게 뜨고 나를 똑바로 바라보며 이렇게 말했다.

"밥, 이건 아주 간단하게 두 단계의 과정만 거치면 되는 일이예요. 1단계, 펜을 받는다. 2단계, 고맙다고 말한다!"

그러고 보면 마음을 열고 기꺼이 '받기'는 그다지 어려운 일이 아닐 수도 있다. 가끔씩은 그저 펜을 받고 감사하다고 말만 하면 되니 말이다.

2

선물은 당신이
예상치 못한 순간 찾아온다

베풂이 보상의 형태로 베푼 사람에게 반드시 돌아온다는 사실은 흥미롭다. 그리고 돌아오는 방법을 전혀 예상할 수 없다는 사실이 더욱 흥미롭다. 베푸는 삶을 살아가다보면 자신이 결코 예상하지 못했던 시간과 장소에서 보상이 돌아온다.

우리가 볼 수 있는 세상이 있다. 그 세계에는 우리가 주의를 기울일 수 있고 인식할 수 있으며 논리적으로 추적할 수 있는 모든 사람들과 사건들, 상황들이 속해 있다. 하지만 그와는 전혀 다른 세상도 있다. 우리가 '미지의 영역'이라고 부르는 그곳은 우주 전체의 99.9퍼센트 이상을 차지하는 방대한 영역

텅 빈 회사의 전화벨이 울렸다. 조는 회전의자를 돌려 전화기를 잠시 바라보다가 벽시계를 쳐다보았다. '6시 15분? 금요일에?'

이다. 인간의 눈으로는 볼 수 없고, 그 존재를 이성적으로 인식할 수도 없다. 그곳은 우리의 논리나 이성으로 설명할 수 없는 사건들과 상황들의 세계이며 인과관계를 추론하는 우리의 인지 능력이 결코 미치지 못하는 장소이기 때문이다. 하지만 이 전인미답前人未踏의 영역, 이 미지의 세계는 진정한 풍요의 근원이다. 그 세계의 풍요로움이 전달되는 과정을 알아내기는 불가능하지만 혜택을 누릴 수 있는 방법은 한 가지 있다. 바로 배우는 행위를 통해서이다.

우리가 베푸는 삶을 살아갈 때 미지의 세계로부터 엄청난 보상이 우리에게 전해온다. 보상은 역경을 극복할 수 있는 결정적인 도움일 수도 있고, 엄청난 자산적 가치를 지닌 인맥일 수도 있다. 형태야 어떻든 그 보상들은 우리가 기대하거나 희망하던 사람이나 장소로부터 오는 것이 아니다. 바로 '미지의 영역'으로부터 예기치 못한 시점에 전해지는 것이다.

가장 큰 선물은 당신이 전혀 예상치 못한 순간과 장소로부터 온다.

베푸는 삶을 살면서 다른 사람들을 위해 가치를 창조하려고 노력할 때면 갑자기, 예상치 못한 방법으로 커다란 보상을 얻을 수 있다. 그리고 그 규모는 다른 사람들이 당신에게 빚지고 있는 정도를 훨씬 초과할 것이다.

『기버1』의 끝부분에서 조에게 일어난 상황이 바로 그렇다. 물론 조의 이야기는 실제가 아닌 허구이지만 그에게 일어난 일은 그렇지 않다. 우리는 지금껏 살아오면서 그런 상황을 수백 번이나 목격했다. 당신 역시 마찬가지일 것이다. 알고 보면 그런 상황에 신비한 요소 따위는 없다. 그 논리가 간단명료할 수도 있다는 의미이다. 베푸는 삶을 통한 당신의 영향력이 어디까지 미치는지 모르는 것처럼 그에 대한 보상들이 어디서 어떻게 오는지도 모를 뿐이다. 당신이 친절과 호의 그리고 나눔의 씨앗을 수없이 심었으니 자연히 당신을 알고 좋아하고 신뢰하는 사람들이 늘고, 갈수록 많은 사람들이 당신의 성공을 기원하니 당신은 성공할 수밖에 없다. 과정을 정확히 알 수는 없으나 여기에는 분명 인과관계가 존재한다. 원인은 '주기'이며 결과는 '받기'이다.

댄 갈브리아스는 펜실베이니아 주 그린스버그에서 마케팅 전문가들에게 서비스를 지원하는 컨설턴트이다. 2009년 봄,

밥이 진행한 '아낌없이 주는 삶' 이벤트에 참여한 뒤 그는 우리에게 편지를 보내왔다. 그의 직업관의 극적인 변화와 그 결과에 관한 내용이었다.

"내가 고객들과 동료들을 보는 관점이 얼마나 많이 변했는지 그리고 그 변화 덕분에 그들로부터 전혀 예기치 않았던 보상을 얼마나 많이 받았는지 실로 믿기지 않을 정도입니다. 지금 나는 밀려드는 의뢰를 처리하느라 눈코 뜰 새 없이 바쁩니다. 우연인지 아닌지 확실히는 모르겠지만 '아낌없이 주는 삶'의 법칙들을 사회생활에 활용하기 시작하면서부터 사업이 번창하고 있습니다."

물론 이런 예기치 못한 보상은 항상 우연처럼 보인다. 하지만 결코 우연이 아니다. 보상이 전혀 느닷없이 전해지는 것 같아 보여도 사실 다 이유가 있다. 우리는 우리가 깃들어 살고 있는 우주의 0.1퍼센트도 알지 못한다. 보상은 우리가 의식하지 못하지만 늘 우리를 보살피는 나머지 99.9퍼센트 이상의 방대한 미지의 영역으로부터 전해지는 것이다.

조 비지는 지나친 스트레스 때문에 25년 동안의 대기업 샐러리맨 생활을 포기했다. 현재 그는 아내 르네와 함께 조지아 주 콩코드에서 '에코스크럽Eco-Scrub'이라는 소규모 카펫 청소

회사를 운영 중이다.

"한 6개월 전쯤에 우리는 어떤 노부부가 살고 있는 집에 카펫을 청소하러 방문했습니다. 그들은 방 두 개짜리 정부 보조 아파트에서 살고 있었죠. 우리 집에서는 차로 45분 정도 거리였고요. 우리는 한눈에 그들이 도움이 필요하다는 걸 알 수 있었습니다. 할머니는 90도로 휘어진 허리를 펴지 못했고 할아버지는 앞을 거의 보지 못하는 상태였거든요. 르네와 나는 그곳에 세 시간이 넘게 머물러 있었습니다. 카펫을 청소하는 시간보다 집 안을 정리하는 시간이 더 오래 걸렸기 때문이죠. 집을 청소하면서 한편에 쌓여 있는 액자들을 발견했습니다. 가족사진인 것 같았는데 두 노인들로서는 벽에 걸 도리가 없었던 겁니다."

그로부터 2주일 뒤, 조와 르네는 노부부의 아파트를 다시 찾아갔다.

"우리 부부의 뜻밖의 방문에 그분들은 상당히 놀란 것 같았습니다. 내가 액자들을 벽에 걸어드리러 왔다고 말하자 할머니가 갑자기 울음을 터뜨렸습니다. 자신들을 위해 이렇게 나서주는 사람이 있을 줄은 꿈에도 몰랐다고 하시더군요. 보수는 전혀 필요 없다고 얘기했는데도 할머니는 이렇게 말했습니다. '돈을 드릴 수가 없어 미안해요. 우리가 두 분을 위해 할 수 있는 건 기도뿐입니다. 꼭 기도드릴게요.' 사실 나는 신앙심이 깊은 사람이 아닙니다. 하지만 '뿌린 대로 거둔다'는 말씀은 믿고 있습니다. 그 일이 있고 나서 2주일쯤 지난 뒤에 우리 부부는 지역 상공회의소의 연말 디너파티에 참석했습니다. 그런데 그 자리에서 우리에게 '우리 지역 올해의 최고자영업자상'을 수여하더군요. 너무나 뜻밖이었습니다. 부상이 수천 달러인 그 상을 우리가 받다니요! 신? 인과응보? 어떤 존재나 어떤 원리를 믿든 그것은 각자의 선택입니다. 하지만 이번 경험을 통해 나는 한 가지 사실을 분명히 깨달았습니다. 남을 돕는 것은 단순히 그들에게만 아니라 우리 자신에게도 실질적으로 유익한 일이라는 것 말입니다. 그리고 매일 밤 두 발을 쭉 뻗고 잘 수 있는 건 보너스죠."

유대어의 한 갈래인 이디시어에 아주 멋진 표현이 있다.
Mensch tracht, un Gott lacht(인간이 계획하면 신은 웃는다).

목표를 갖는 것은 바람직한 일이지만 한 가지 사실을 명심해야 한다. 당신이 아무리 큰 목표를 가졌다고 해도 우주(신, 불변의 법칙, 삶 자체 혹은 당신의 신념체계의 중심에 있는 그 무엇 —옮긴이)는 당신을 위해 훨씬 더 큰 목표를 마련해두고 있다

는 사실이다. 그리고 물론 이 우주는 당신보다 아니, 정확히
말하자면 인간 모두를 합친 것보다 훨씬 현명하다.

　세상을 위해, 주변 사람들을 위해 가치를 창조하는 삶을 살
기 위해 노력하라. 그러면 당신이 결코 예상치 못했던 시간과
장소에서 엄청난 보상이 전해질 것이다.

3

선물은 종종
낡은 포장지에 싸여 전달된다

예상치 못한 곳에서 오는 대단한 선물들은 깔끔하게 포장이 되거나 내용물이 명확히 표기된 상태로 당신에게 전달되지 않는다. 우편함 속의 복권당첨금이나 집 앞 공터까지 배달된 새 자동차와는 전달 방식이 전혀 다른 것이다. 그것들은 종종 '위기'의 형태로 전달되기도 한다.

가시 돋친 질문을 하거나 냉정하게 거절하는 사람이 나중에는 가장 충실한 고객이 되기도 한다. 당신의 물건을 구입한 적도 없고 당신이 보낸 이메일에 답장조차 하지 않는 사람이 엄청난 이윤을 안겨줄 거래처에 당신을 추천하는 경우도 있다. 해고를 당한 덕분에 적성에 맞고 보수도 나은 새로운 일자리를 찾게 되는 경우는 수없이 많다.

"거스, 물론 나는 이제 거리낌 없이 받을 수 있어요. 정말이에요. 완전히 마음을 열었다고요!" 조는 한숨을 내쉬며 의자에 앉아 몸을 웅크렸다. "적어도 나는 그렇게 생각하고 있었다고요. 하지만 내게 돌아오는 건 손해보는 일뿐인 것 같은 걸 어쩝니까!"

'위기危機'라는 한자는 각각 위험과 기회를 뜻하는 두 글자의 합성어이다. 하지만 갈림길에 선 상태처럼 위기를 선택의 기회로 보는 관점은 동양의 전유물이 아니다. 위기를 뜻하는 영어 단어 'crisis'의 그리스어원도 'krisis'로 선택을 의미한다.

미국 경제대공황 시기에 행상에서 대기업가로 변신에 성공한 헨리 K. 카이저Henry K. Kaiser는 어렵던 시기에 수만 명의 사람들에게 일자리를 제공했다. 언제나 종업원들을 알뜰히 보살폈기에 노조에서도 그에게만은 늘 경의를 표했다. 당시의 시대 상황을 고려할 때 무척 파격적인 대우였다.

카이저가 누렸던 길고도 걸출한 성공 인생에서 가장 흥미로운 것은 그가 이룩한 업적들이 실패와 좌절, 폐업 그리고 그

밖에 '재난'이라고 부를 만한 사태에 대처하는 그의 의연한 태도에서 비롯했다는 사실이다. 카이저는 임종 직전에 일생의 좌우명이었던 한 가지 격언을 조용히 되뇌었다고 한다.

"문젯거리들은 단지 작업복을 입은 기회이다."

베푸는 삶을 살아갈 때 세상은 엄청난 기회를 제공함으로써 당신에게 보상한다. 그리고 그 기회는 종종 낡고 기름때 묻은 작업복 차림으로 찾아온다. 그래서 우리는 가끔 엄청난 기회를 놓치는 실수를 저지른다. '기회가 왔다'고 속삭이는 직관을 외면하고 누더기 차림의 기회를 간과해버리는 것이다. 계획을 세운다는 것은 대단히 중요하다. 하지만 오솔길에 불과한 우리의 계획에 집착한 나머지 모퉁이만 돌아서면 펼쳐질 탄탄대로에 들어서지 못하는 경우가 너무도 많다.

또한 수용은 배움과 새로운 아이디어에 대한 개방된 태도를 의미하기도 한다. 그런 태도를 갖추기 위해서는 용기가 필요하다. 자신이 설정한 목표와 계획을 신중하게 수록한 지도를 접고 계획에 없던 미지의 영역으로 들어서기 위해서는 상당한 용기가 필요하다.

수용력은 다치고 깨지기 쉬운 능력이다. 제대로 받아들이기 위해서는 항상 자신을 열어두어야 하며 열린 문을 통해 항상 긍정적인 것들만 들어오는 것은 아니기 때문이다. 용기 있게 예정에 없던 길로 들어서려면 그 길 끝에 아무것도 없을 수 있는 상황까지 감수해야 한다. 많은 사람들이 수용의 법칙을 실행하기 힘들어하는 까닭도 바로 거기에 있다. 항상 자신을 상처받을 수 있는 환경에 노출시켜야 하기 때문이다.

생각하기에 따라 세상은 얼마든지 적대적인 장소가 될 수 있다. 황량하고 위협적이며, 잔인하고 황당한 상황과 사건 들이 반복해서 일어나는 곳으로 인식될 수도 있다는 뜻이다. 세상을 그렇게 인식하게 되면 따분해하고 짜증내며 적개심을 품고 살게 된다. 물론 이 세상에는 고통스러운 일들이 끝없이 발생한다. 죽음, 배신, 손실, 실패, 상처, 좌절……. 누구나 살면서 그 모든 고통들을 한 번쯤 또는 여러 번 겪는다. 하지만 그렇다고 마음의 문을 닫아서는 안 된다. 고통스러운 경험을 애써 부인하며 '행복한 낯빛'을 유지하라는 얘기가 아니다. 그 고통까지 포용하라는 것이다.

모든 고통은 실질적으로 상당한 가치를 지니고 있다. 고통스러운 경험을 통해 당신의 인격은 한결 원숙해질 수 있고 이해심이 깊어질 수 있으며 마음은 더욱 따뜻해질 것이다. 따라서 고통스러운 경험으로 인해 세상에 대한 믿음을 잃어갈 것이 아니라 그 경험들을 포용해서 오히려 믿음을 두텁게 하는 계기로 삼겠다는 마음가짐을 가져야 한다. 그렇다. 고통스러운 일은 끊임없이 일어난다. 하지만 여기 당신이 있다. 그 경험으로 인해 한결 성숙해지고 풍요로워진 당신이!

역경은 우리를 변화시킨다. 하지만 변화의 방향은 'krisis', 각자의 선택이다. 가정이나 가족을 잃거나 재산, 심지어 희망까지도 잃는 고통은 누구나 겪을 수 있다. 하지만 결과는 각각 다르다. 어떤 이들은 경험을 통해 한결 성숙해지는 반면 어떤 사람들은 냉정해지고 적개심을 품은 채 세상을 살아간다.

어거스틴이라는 소년이 있었다. 그의 어머니는 아들의 밝은 미래를 믿어 의심치 않았다.

"언젠가 넌 작가가 될 거야. 그냥 작가가 아니라 위대한 작가가 될 게 틀림없어."

어머니는 어린 어거스틴에게 늘 이렇게 말하곤 했다. 소년은 어머니의 지극한 사랑을 받으며 행복한 하루하루를 보냈다. 하지만 어느 날 그의 행복은 산산조각이 나고 말았다.

고등학교 졸업식을 6주 앞두고 있던 날, 아들의 도시락을 준비하느라 부엌에 서 있던 어머니가 갑자기 쓰러져 그만 세상을 떠나고 만 것이다.

어거스틴은 곧장 육군에 입대해 전장으로 떠났다. 제대한 뒤에는 보험 세일즈맨으로 사회 생활을 시작했다. 하지만 생활은 생각만큼 만만하지 않았다. 그는 곧 빚더미에 앉았고 빚이 늘면서 술도 따라 늘었다. 결국 그의 아내는 딸을 데리고 그의 곁을 떠났다. 가정을 잃고 어거스틴은 방랑생활을 시작했다.

고통의 나날이 이어지던 어느 11월의 추운 오후, 어거스틴은 전당포 창문 앞에 서서 어떤 물건을 뚫어지게 바라보고 있었다. 그것은 29달러짜리 가격표가 붙어 있는 권총이었다. 그의 주머니에는 30달러가 들어 있었다.

"이제야 내 문제를 모두 해결할 수 있는 방법을 찾았군. 저걸 사서 머리에 들이댄 다음, 방아쇠만 당기면 다시는 거울 속에서 패배자를 대면할 필요가 없을 것 아닌가!"

초췌한 몰골의 어거스틴은 진열창에 실루엣으로 비치는 자신의 모습을 바라보며 중얼거렸다.

KRISIS!!!

마지막 순간에 마음을 돌린 그는 권총을 사지 않았다. 대신 몸을 녹일 요량으로 우연히 눈에 띈 도서관으로 들어갔다. 그리고 그곳에서 그는…… 책을 읽기 시작했다. 읽고 읽고 또 읽었다. 얼마 뒤 그는 다시 보험업계로 돌아갔다. 고통스러운 경험을 통해 이미 자신이 모든 관계의 중심이 아니라는 사실은 충분히 인식한 상태였다. 그런 마음가짐으로 일하자 비교적 짧은 기간 안에 큰 성공을 거둘 수 있었다. 그러자 그는 글을 쓰기 시작했다. 몇 년 후 그가 완성한 한 권의 책이 베스트셀러를 기록하면서 그의 어머니 예언이(혹은 바람이 -옮긴이) 실현되었다. 그 책이 바로 『세상에서 가장 위대한 세일즈맨The Greatest Salesman in the World』이며 한때 완전한 패배자였던 어거스틴이 바로 그 책의 저자 어거스틴 오그 만디노Augustin Og Mandino다.

어거스틴이 전당포 진열창 앞에 서 있었을 때, 그는 갈림길을 만난 것이다. 그때 그가 한 선택 덕분에 그의 글이 세상의 빛을 볼 수 있었고, 5000만 권의 판매부수를 기록한 그의 책을 통해 수백만 명의 인생이 바뀔 수 있었다. 물론 어거스틴처럼 혹독한 시련을 겪는 사람은 그다지 많지 않다. 하지만 각자의 꿈을 추구하는 과정에서 난관에 봉착하고 상처를 입는 경험은 누구나 겪는다. 작업복은 아주 더러울 수 있다. 그 더러움 이면의 모습을 보려는 노력은 각자의 선택이다.

불후의 명화 「쇼생크탈출」에서 주인공 앤디 듀프레인은 이렇게 말한다.

"내 생각에는 아주 간단한 선택의 문제 같은 걸. 사느라 바쁘든지, 아니면 죽느라 바쁘든지."

위험은 기회이자 선택이다.

4

먼저 믿을 만한 사람이 되어라

　　　　성공은 당신이 세상에 끼친 긍정적인 영향력을 통해 이루어진다. 그리고 영향력의 뒷받침이 되는 것은 신뢰이다. 어떻게 하면 사람들이 당신을 믿게 할까? 간단하다. 당신이 믿을 만한 사람이 되면 된다.

　우리가 이 책의 머리글에서 밝혔듯이 '아낌없이 주는 사람들'이 펼치는 세일즈 방식의 가장 큰 특징은 넓은 의미의 '컨트롤'과 깊은 관련이 있다.

　판매 영업은 당신이 절대적인 주도권을 쥐고 컨트롤할 수 있는 과정이 아니다. 당신과 마찬가지로 자유의지를 가진 다른 사람이 개입되어 있기 때문이다. 당신은 당신이 하는 일만 컨트롤할 수 있을 뿐 상대방이 하는 일까지 좌지우지할 수는 없다. 그것이 바로 세일즈맨의 가장 큰 고충이다. 왜냐하면 당신은 사람들이 당신의 상품을 구입해야만 경제적인 이윤을 남길 수 있는데 당신이 그들의 구매 결정을 컨트롤할 수 없기 때문이다.

다시 말해 세일즈란 당신의 생계를 다른 사람의 결정에 맡기는 과정이다. 즉, 다른 사람들을 전폭적으로 신뢰할 때만 성공이 가능한 비즈니스라는 얘기가 된다. 하지만 너무도 많은 세일즈맨들이 그 사실을 깨닫지 못하고 있다. 명백한 증거에도 불구하고 그들은 여전히 자신들이 세일즈 결과를 컨트롤할 수 있다는 착각에 빠져 있다. 열심히 연구하고 부지런히 연습해서 충분히 노련해지기만 하면 세일즈 과정 전체를 컨트롤해서 원하는 결과를 얻을 수 있다고 믿는 것이다. 하지만 그

"너무 타산적이고 속물적으로 들릴까봐 말하기 거북합니다만 그래도 시장에서 현실적인 결과를 얻을 수 없다면 다섯 가지 법칙이 무슨 소용이 있는지 저로서는 정말 알 수가 없습니다. 성자가 되는 건 나쁘지 않지만 그렇다고 굶어죽을 수는 없잖아요!"

_조

것은 엄청난 착각일 뿐이다. 세일즈 교본 속 모든 기술을 배우고 익혀서 노련해졌다 한들 한 가지 불변의 원칙을 거스를 수는 없기 때문이다.

"사람들은 각자 해야 할 일을 해야만 한다."

당신이 할 수 있고 해야만 할 일은 다른 사람들을 위해 가치를 창조할 수 있는 방법들을 찾기 위해 계속 노력하는 것이다. 그러다 보면 엄청난 일이 일어난다. 다른 사람들이 당신을 신뢰하기 시작하는 것이다.

"그렇다면 모든 사람을 다 믿으라는 건가? 부정적이고 싶지는 않지만 그건 지나칠 만큼 순진한 것 같은데? 모든 사람들이 믿을 만한 건 아니잖아."

당신은 이런 의문을 품을 수도 있다. 하지만 신뢰 속에서 살아간다는 건 지나치도록 순진하게 사는 삶과는 차원이 다르다. 물론 손해 보지 않기 위해 조심하며 사는 것도 중요하다. 당신을 이용하려고 기회를 엿보는 교활한 사람도 있고 당신의 계획을 좌절시키고 성공을 가로막으려는 야비한 사람도 분명히 있으니 말이다. 그러나 당신이 '건강한 면역 체계'를 갖추고 베푸는 일에만 초점을 맞추고 살아간다면 그런 부류의 사람들이 함부로 접근하지 못한다.

다른 사람들을 위해 가치를 창조하려고 노력하면서 믿음을 유지하며 살아갈 때 당신은 부수적인 혜택까지 누릴 수 있다. 사람들의 인격을 제대로 판단할 수 있는 안목이 생기는 것이다. 놀랍겠지만 사실이다. 결국 신뢰하며 사는 삶은 지나치게 순진한 삶과 정반대가 되는 것이다.

왜 그럴까? 당신이 수용의 법칙을 실천하고 있기 때문이다. 수용한다는 것은 당신이 열린 자세를 갖추고 있다는 사실을 의미하며 열린 자세는 갈망이나 두려움 때문에 판단력이 흐려지는 일 없이 사물을 있는 그대로 볼 수 있는 객관적인 안목이 갈수록 높아진다는 사실을 의미한다.

신뢰하는 삶이 지나치게 순진한 삶이 아닌 것처럼 '받기' 역시 수동적인 행위가 결코 아니다. 아낌없이 주는 사람은 또한 거리낌 없이 받는 사람이기도 하다. 아낌없이 주는 사람과 반대되는 삶을 살아가는 사람은 자신의 이익만 추구하려는 사람이다. 그들은 세상이 자신들에게 큰 빚을 지고 있는 것처럼 행동하는 이들이다. 우리는 그들을 '받기만 하려는 사람'이라고 부른다.

그들과 달리 거리낌 없이 받는 사람들은 힘들이지 않고 이익을 취하려는 일 없이 긍정적인 변화의 과정에 적극적으로 참여한다. 그들은 일을 이루는 사람들이다. 실제로 우리가 알고 있는 모든 진정한 '아낌없이 주는 사람들'은 거리낌 없이 받는 사람들이다. 한 여성이 최근에 『기버1』을 읽은 뒤 우리에게 편지를 보냈다. 아들들과 자신의 생계를 위해 열심히 일했지만 형편이 나아지지 않는다고 했다. 그녀는 현재 '베풂을 통해서 생계를 도모할' 생각을 하고 있다며 우리의 조언을 구했다.

"돈을 벌기 위해 영리적인 사업 계획을 구상해야 할까요? 아니면 돈이 저절로 따라온다는 믿음을 가지고 베푸는 일에 투신해야 할까요?"

"계획을 세우고 사업을 시작하세요."

우리는 그녀에게 이렇게 답변해주었다. 신념과 현실적인 계획은 서로 상충되는 것이 아니다. 어네스토와 니콜의 첫 걸음도 아주 현실적인 사업이었다(어네스토는 핫도그를 팔았고 니콜은 소프트웨어를 디자인하고 판매했다. -옮긴이). 샘은 보험 상품을, 데브라는 부동산, 클레어는 그래픽 디자인과 광고 상품을 팔았다. 『기버1』에 등장하는 모든 사람들이 그렇게 영리적인 사업에서부터 시작했다.

'받기'는 저절로 이루어지는 행위가 아니다. 그것은 당신과 세상의 파트너십을 통해 이루어지는 행위이며, 따라서 당신이 해야 할 역할이 있는 것이다. 신뢰하며 살아간다는 것은 계획을 세우고 탁월함, 일관성, 배려, 공감 그리고 감사를 다해 그 계획을 실행에 옮기며 살아가는 것이다.

앞에서도 얘기했듯이 세일즈는 농사를 짓는 것과 비슷하다.

농부는 열심히 밭을 갈고 난 뒤 신중히 선택한 씨앗을 심고, 물을 주고, 잡초를 솎아가며 정성껏 재배한다. 농사일은 하늘의 뜻이라지만 최소한 씨를 뿌리고 가꾸는 일은 농부가 해야 한다.

가치를 창조하라. 사람들의 삶에 긍정적인 변화를 불러일으켜라. 네트워크를 구축하라. 본연의 자세를 유지하라. 마음을 활짝 열어라. 그리고 이를 심어라, 믿어라, 추수하라.

위대하고 엄청난 성공에 이르는 5가지 법칙

기버2 셀 모어

초판 1쇄 발행 2020년 6월 29일
초판 7쇄 발행 2023년 1월 13일

지은이 밥 버그, 존 데이비드 만
옮긴이 안진환
펴낸이 김선준

책임편집 임나리   **편집1팀** 이주영   **디자인** 김세민
마케팅 권두리, 이진규, 신동빈   **홍보** 한보라, 이은정, 유채원, 권희, 유준상
경영관리 송현주, 권송이
외주 편집 이효원

펴낸곳 (주)콘텐츠그룹 포레스트   **출판등록** 2021년 4월 16일 제2021-000079호
주소 서울시 영등포구 여의대로 108 파크원타워1 28층
전화 02) 332-5855   **팩스** 070) 4170-4865
홈페이지 www.forestbooks.co.kr
종이 (주)월드페이퍼   **출력·인쇄·후가공·제본** 더블비

ISBN   979-11-89584-71-9   04190
　　　979-11-89584-70-2   04190(set)

㈜콘텐츠그룹 포레스트는 독자 여러분의 책에 관한 아이디어와 원고 투고를 기다리고 있습니다. 책 출간
을 원하시는 분은 이메일 writer@forestbooks.co.kr로 간단한 개요와 취지, 연락처 등을 보내주세요.
'독자의 꿈이 이뤄지는 숲, 포레스트'에서 작가의 꿈을 이루세요.